GÉNÉALOGIE

DE LA

Famille Bardy

(ILE-DE-FRANCE & AUVERGNE)

RIOM

Ulysse JOUVET, Imprimeur, rue de l'Hôtel-de-Ville, 8

—

1895

GÉNÉALOGIE

DE LA

FAMILLE BARDY

GÉNÉALOGIE

DE LA

Famille Bardy

(ILE-DE-FRANCE & AUVERGNE)

RIOM

ULYSSE JOUVET, Imprimeur, rue de l'Hôtel-de-Ville

—

1895

PRÉFACE

Toute famille a son histoire. Elle passe à travers les âges ; et, dans cette marche, où chaque génération fait un pas, tout membre a occupé sa place et marqué son souvenir. Qu'il soit brillant, qu'il s'impose à l'attention des hommes, ou qu'il soit humble et à demi-effacé, ce souvenir est toujours attachant quand on le poursuit à travers les voiles d'un lointain passé ; surtout pour le descendant qui l'évoque. C'est ainsi que nous avons voulu remonter le plus possible le cours des temps, reprendre, pour les faire revivre, les traces plus ou moins oubliées de ceux qui nous ont précédés. Cette étude a piqué notre filiale curiosité et, plus encore, elle nous a semblé bonne. Il nous a été doux de retrouver quels liens de parenté motivaient d'anciennes relations et rattachaient ensemble des noms que la tradition seule nous avait conservés. Aussi notre tâche a été attrayante autant qu'elle est modeste.

Ayant peu à offrir aux amateurs de noms glorieux et aux admirateurs de personnalités bruyantes, ce n'est point à eux que nous dédions ces pages ; ce n'est pas non plus à un public exigeant ou indifférent. C'est pour notre famille seule que nous avons écrit, c'est pour ceux de ses membres que touche, comme nous, cette simple et consciencieuse recherche de nos ancêtres. Par eux, notre travail sera bien accueilli ; et, si humbles auteurs que nous soyons, nous serons heureux de leur inspirer, comme nous l'avons déjà nous-même, la légitime fierté de notre origine.

Ce n'est donc pas une page de l'histoire de France que nous avons la prétention de retracer. Nous n'offrons point à ceux qui nous tiennent de près une de ces généalogies superbes qui reçoivent des fastes de leur pays un reflet de la gloire que ses générations ont contribué à lui donner. Mais il n'est pas nécessaire, pour rendre une généalogie intéressante, de faire étalage de titres pompeux et de parentés illustres : l'honorabilité d'une famille, les sympathies qu'elle a méritées et obtenues, les souvenirs qu'elle a laissés, suffisent amplement aux satisfactions intimes de ceux qui en descendent.

D'ailleurs, la famille Bardy appartient à la plus ancienne bourgeoisie. Ses armoiries ont été enregistrées à Paris dans l'armorial général de d'Hozier en 1697 ; elle porte « *d'azur à* » *un chiffre formé par les lettres B et M entrelacées d'argent.* » Trois de ses membres, dont deux du nom, un troisième seulement allié, ont siégé parmi les représentants de la Nation en 1793 et en 1848. Elle a contracté d'honorables alliances parmi les meilleures familles de la région. Ses membres furent, pour la plupart, de riches industriels ou commerçants, à cette époque où le commerce et l'industrie comptaient dans leurs rangs des nobles, sans que ceux-ci s'en trouvassent amoindris. Bien peu ont occupé des charges ou des fonctions publiques. En effet, il eût été difficile d'acheter à chacun des enfants, que nous retrouvons nombreux à toutes les générations, des places à la fois brillantes et suffisamment lucratives. Tout dans la famille convergeait au bien de tous plus qu'à l'intérêt de quelques-uns. C'était seulement par de grandes entreprises qu'elle pouvait conserver et même accroître une fortune exposée sans cesse à s'amoindrir par des partages multipliés.

Cette généalogie comprend onze générations dont nous avons suivi la descendance dans les branches masculines et féminines. Sans doute, on ne procédait pas ainsi autrefois.

L'unique préoccupation des anciens généalogistes était la gloire du nom auquel étaient souvent attachés de nombreux privilèges. La marche du temps modifie la valeur des choses. S'inspirant aujourd'hui d'une idée plus générale, l'auteur d'une généalogie la poursuit dans tous les descendants d'une famille. L'utilité pratique de ces recherches, comprises comme elles l'étaient jadis, n'existe plus. Elles eussent été sans intérêt pour ceux qui, issus d'une origine commune, ne portent cependant pas le même nom.

A ce travail ainsi généralisé, nous avons apporté le plus minutieux contrôle. Nous avons puisé nos documents dans les actes de différentes paroisses, les archives des municipalités et nos papiers personnels. Nous donnons comme pièces justificatives, dans la deuxième partie de cette œuvre, quelques-uns de ces actes choisis parmi les plus curieux que nous avons cru devoir reproduire en entier. A ces informations prises aux sources officielles, nous avons eu soin de rattacher certains souvenirs anecdotiques conservés par la tradition dans notre famille et appuyés sur de multiples et sérieux témoignages.

Qu'un vœu nous soit permis maintenant. Puisse le plaisir que nous avons eu à rechercher, à retrouver et à grouper ces preuves pour en former ces pages, être partagé par ceux qui les liront avec un sentiment d'intérêt pour l'œuvre et de sympathie pour les auteurs.

Ile-de-France et Auvergne

D'azur à un chiffre formé par les lettres B et M entrelacées d'argent[1].

Préciser d'une façon exacte le lieu d'origine d'une famille est d'une impossibilité presque absolue ; car là où manquent les documents la certitude doit cesser. On peut toutefois établir des probabilités, en s'appuyant d'abord sur l'étymologie du nom et en recherchant ensuite le lieu où ce nom est particulièrement répandu. Si la famille Bardy paraît tenir au pays d'Auvergne, son nom semble être, par son étymologie, une forme du vieux mot germanique *Bard* (poète géant), qui, transporté en Italie, aurait seulement pris l'*i* final du génitif latin qui indique la filiation[2].

Si maintenant nous examinons les pays où ce nom est le plus généralement connu, nous le remarquons en France, à Montpellier, où plusieurs membres se distinguèrent dans la magistrature et dans les lettres ; mais c'est surtout dans le nord de l'Italie que nous

---

1 D'HOZIER. *Armorial général*. Paris, tome II, page 627. Numéro 565. — Ces armoiries sont la copie exacte de celles qui ont été peintes sous la direction de d'Hozier (Blasons coloriés). Paris, tome II, page 1651.

2 Lorédan Larchey, dans ses savantes études sur l'étymologie des noms propres, fait la même observation pour le nom de Garibaldi, dans lequel on retrouve le nom germain *Garibald* avec la finale italienne.

trouvons en plus grand nombre les représentants de cette famille : à Florence, Padoue, Ancône et Rapallo. Nous y relevons les traces d'une famille Bardi, déjà puissante au xiiie siècle, et dans le même temps existait à Rome la « *via Bardi* »[1]. Au xve siècle, vivait Deadé Bardi, qui a laissé la « *Canzonne* » ou ode sur la mort d'un geai.

L'histoire nous a conservé le souvenir de ces émigrations qu'entraînaient les difficultés de la vie matérielle après le grand effort des Croisades, et qui forcément amenaient parmi les peuples une inévitable confusion d'origines. A cette époque, y eut-il des Bardi traversant les Alpes pour s'abriter autour des riches monastères français ? On serait autorisé à le croire en retrouvant des Bardy tributaires des Frères Hospitaliers de Saint-Jean-de-Jérusalem, établis à Charbonnier, près de Sainte-Florine[2]. D'ailleurs les rapports étaient fréquents entre les Bardi d'Italie et la France, et des souvenirs très authentiques nous en sont conservés. Françoise Bardi, femme de Talda Valori, gonfalonier de Florence, fut exilée avec toute sa famille qui se retira en Angleterre vers 1340[3]. Plusieurs membres de cette famille vinrent aussi en France pour y étudier la médecine et les lettres.

Quoiqu'il en soit, notre intention n'est pas d'établir, par ces suppositions, un rapprochement dont les justifications seraient infructueuses et vaines ; nous nous contenterons de remarquer que les Bardy sont depuis longtemps établis en Auvergne. Les plus anciens que nous connaissions vivaient à Châteauneuf-sur-Sioule (*Castrum novum*) vers la fin du xiiie siècle. Petrus Bardi et Stephanus Bardi sont mentionnés dans le compte de Jean de Trie, bailli d'Auvergne, pour les années 1294 et 1295[4]. Un demi-siècle plus tard, en 1341, nous trouvons Jean Bardi, établi à Sainte-Florine. Mais on ne peut rattacher par aucun lien certain les noms déjà cités avec la généalogie qui nous occupe ; le premier ancêtre auquel nous ayons pu remonter d'une façon certaine est :

---

1 Biblioth. nat. ; Cabinet de d'Hozier. Vol. 27. *Memoria della famillia di Bardi*.

2 *Terrier de la commanderie de Charbonnier* (1341). Cabinet de M. Antoine Vernière, de Brioude, président de l'Académie des Sciences, Belles-Lettres et Arts de Clermont.

3 Bibliothèque nationale ; Manuscrits, Doss. bleu 57, au nom Bardi.

4 Augustin Chassaing. *Spicilegium Brivatense*.

I. N. BARDY, bourgeois de Sainte-Florine, dont le nom de baptême est inconnu. Il vivait vers 1560 et fut père de :

1º **Marguerite Bardy,** qui épousa Mᵉ Antoine Marchadier, d'une famille bourgeoise de Solignat, paroisse de Brassac, dont plusieurs membres ont occupé la charge de notaire royal. Ils eurent pour fils :

> **Claude Marchadier,** « baptisé le 8 août 1611. Le parrain a été honorable homme Claude Matarel, lieutenant général aux mandements d'Usson ; la marraine Françoise Marchadier de Solignat. »

2º **Madame Bardy,** « religieuse professe de la sainte communauté de l'ordre de Fontevraud, à Ste-Florine, qui trépassa le 17 avril 1643, autour huit heures du matin, et fut enterrée le 18 dudit mois, ayant reçu tous les Sacrements, et a été la première enterrée dans le tombeau des dames. En foi de quoi j'ai signé : Barreyre, curé. » [1]

3º **Michel Bardy,** « qui trépassa le dernier jour de mars et fut » enseveli le premier avril 1640. Il fonda pendant six » ans deux messes, et pour ce donna et légua xvi livres. »

4º **Anthoine Bardy,** qui suit :

---

1 Ce couvent de Sainte-Florine fut un des premiers construits après la fondation de Fontevrault, abbaye importante dont le nom, si généralement connu, rappelle des souvenirs de gloire monastique. Nous n'avons pas ici à en retracer ni la fondation ni l'histoire ; nous dirons seulement quelle était son importance en rappelant que l'éducation des filles de France se faisait dans cette puissante abbaye, et que le titre d'abbesse de Fontevrault était habituellement conféré à une femme de sang royal. Cette abbesse, par un privilège unique, avait la souveraine domination sur les monastères d'hommes dépendant de la même maison de Fontevrault.

Nous empruntons à une notice sur l'ancien couvent d'Esteil, également de l'ordre de Fontevrault, quelques détails concernant celui de Sainte-Florine, qui en était un rejeton : « Esteil était déjà florissant et prospère lorsque, en l'année 1201, sur la rive gauche de l'Allier, un autre couvent fut élevé par les soins de Cebille, fille d'un comte d'Auvergne, en un lieu appelé Seveirag, qui, plus tard, fut nommé Sainte-Florine. Cette abbaye dépassa en richesse et en puissance toutes les autres fondations ; comblée de dons par les seigneurs d'Auzon, Sainte-Florine fut réellement en Auvergne le plus éclatant rejeton de l'abbaye de Fontevrault. Si nous en jugeons par les noms de quelques-unes de ses abbesses, issues d'anciennes et nobles familles, ce monastère eut un certain éclat et jouit, pendant longtemps, d'une prospérité que purent lui envier les couvents voisins. On remarqua, en effet, parmi ses supérieures : Catherine de Trezel en 1493, Gabrielle de Benault en 1454, Catherine de Salles en 1467, Michelle de Plessis en 1556, Françoise de Fretat en 1640, Madame du Brossage du Guillemet en 1658. De Sainte-Florine sortirent les fondatrices des couvents de Nonette, de Lamothe et de Brioude. Enfin les religieuses étaient pour la plupart des filles de vieilles maisons d'Auvergne. L'église actuelle de Sainte-Florine, ancienne église du couvent, a été construite en 1641 sous l'abbatiat de Françoise de Fretat. A côté de cette église, on voit encore l'ancienne tour forte que les dames de Sainte-Florine firent élever en avant de leur abbaye en 1444. Elle était destinée à protéger le couvent contre les entreprises des gens de guerre. » Les chartes de fondation du prieuré de Sainte-Florine sont aux pages 637-640 du ms. nº 12.745 du fonds latin de la Bibl. nationale.

II. Anthoine BARDY, bourgeois de Sainte-Florine, né en 1595, marié en 1616 à demoiselle Isabeau Bourguet, issue d'une ancienne famille de notaires. Cette famille, établie depuis fort longtemps à Sainte-Florine, a donné son nom à un terroir de la commune. De cette union naquirent :

1° Sébastien Bardy, baptisé à Ste-Florine le 25 août 1619. Il eut pour parrain Sébastien Bardy et pour marraine Marguerite Creyssent.

2° **Anthoine Bardy,** qui suit.

3° Mathieu Bardy, baptisé à Ste-Florine le 22 mars 1627. Il eut pour parrain Mre Mathieu Bompard, médecin à Brioude.

4° Michel Bardy, baptisé à Ste-Florine le 16 août 1628. Juré mouleur de bois à Paris, valet de chambre ordinaire, puis premier valet de chambre de la reine Marie-Thérèse d'Autriche, épouse de Louis XIV. — Nous ne nous faisons guère aujourd'hui une idée exacte de ce que furent ces situations dont nos mœurs nous ont déshabitués. Le *Dictionnaire critique de Biographie et d'Histoire*, par A. Jal, et l'*État de la France en 1683* donnent des détails intéressants sur les prérogatives, la hiérarchie et les fonctions du personnel de la Cour à l'époque de Louis XIV. Nous retrouvons même dans un de ces articles le nom de Michel Bardy, cité comme valet de chambre ordinaire de la reine. Nous avons puisé à ces sources quelques renseignements curieux. Les officiers faisant partie de la maison de la reine avaient à peu près les mêmes avantages que ceux attachés à la personne du roi. L'office de valet de chambre procurait la noblesse et conférait le titre d'écuyer avec exemption de droit de franc-fief. Charge vénale, comme presque toutes les autres charges, elle était très recherchée et se payait fort cher, car elle était à la fois lucrative et honorifique. Nous voyons dans ces fonctions des représentants de la noblesse, des artistes éminents et des gens de lettres distingués. Marot, Molière, Philippe de Champaigne et tant d'autres hommes illustres, furent valets de chambre du roi. Nous pouvons citer aussi un de nos compatriotes, Gabriel de Collanges, qui fut valet de chambre du roi Charles IX, en même temps précepteur et gouverneur du duc d'Atry. Au reste, cette assiduité auprès des personnes royales était plus un honneur qu'une servitude. Les fonctions des seize valets de chambre servant par quartier se réduisaient en somme à peu de choses : présenter le fauteuil à la reine, soit dans sa chambre, soit dans son cabinet ou au cercle ; présenter les tabourets aux princesses et aux duchesses dans la chambre de la reine, et à la toilette de la reine le carreau aux maréchales. Ils étaient sous la dépendance du valet de chambre ordinaire. La situation du premier valet de chambre était à peu près une sinécure honorifique : il commandait les huissiers en l'absence du premier gentil-homme de la chambre et jouissait de tous les privilèges des commensaux de première classe. Ce n'était pas une charge de médiocre valeur que celle de premier valet de chambre. Elle devenait la propriété de celui qui l'acquérait, et nous voyons qu'elle s'achetait environ 150,000 livres. Les béné-fices en étaient importants ; les gages (200 livres pour le valet de chambre ordinaire, 300 pour le premier valet de chambre), le logement, le feu, la chandelle, la table, les dons royaux, et puis, avant tout, la facilité de voir les princes en particulier et d'obtenir grâces et faveurs pour des protégés qui payaient largement cette protection.

Michel Bardy était depuis longtemps déjà investi de ces fonctions lorsqu'il fit enregistrer dans l'Armorial général de d'Hozier en 1697 les armoiries qui figurent au commen-cement de cette notice. Les souvenirs qui nous restent de lui nous viennent de son testament, pièce très curieuse par le style du temps et par ses larges dispositions. Nous le reproduisons *in extenso* dans notre seconde partie. On pourrait dire que Michel Bardy, par ses dons, se dépeint lui-même : esprit judicieux et profondément libéral; con-servant au pays qui l'a vu naître un attachement qui se manifeste par d'importantes donations, il lègue à Ste-Florine une somme alors suffisante pour la fondation d'une école, semblant prendre à cœur, longtemps à l'avance, le problème, depuis si passionnant, de l'instruction pour tous.

Suivant la coutume alors adoptée et qui était absolument opposée à l'individualisme, règle de la société actuelle; usage qui reposait sur l'idée dominante de la famille, il réserve aux membres de la sienne, qui résideront sur les lieux, la nomination des recteurs de cette école. Il veut que ses successeurs restent maîtres de la fondation, qu'ils en soient, pour ainsi dire, les collateurs. Et, chose qui témoigne combien l'esprit d'alors était différent de celui de nos jours, il se trouve des ecclésiastiques parmi ces recteurs. Il manifeste ses sentiments chrétiens par sa sollicitude éclairée pour les œuvres charitables et fait aux pauvres diversement secourus des legs importants. Les pauvres honteux ont une part qui leur sera remise par les soins de Monseigneur de Boisfranc. Les hôpitaux de Paris ont la leur, et il demande aux administrateurs de l'Hôtel-Dieu de devenir ses exécuteurs testamentaires. Enfin, après plusieurs dons à l'église Saint-Roch, notamment pour la construction de la chapelle de la Vierge, il exprime son désir d'être inhumé dans ladite église, sa paroisse, honneur toujours très rarement accordé. Il mourut le 13 juin 1704. Par une délibération du lendemain, le bureau de l'Hôtel-Dieu, acceptant le legs qui lui était fait, régla de concert avec les héritiers le cérémonial des obsèques qui eurent lieu le même jour, et son corps fut déposé dans l'église St-Roch. Le bureau de l'Hôtel-Dieu était alors composé de Messieurs Soufflot, Levesque, d'Estrechy, Greslé, Vigneron, de Bourges, Arault, Le Tourneur, d'Andreau et Bazin ; Monsieur Le Brun, receveur.

5º **Anthonia Bardy,** mariée le 16 juin 1646 à Mᵉ Jean Terrasse, de Cohade, dont elle eut 5 enfants :

> *a.* **Jean Terrasse,** qui devint bourgeois de Paris.
>
> *b.* **Jean-Gaspard Terrasse,** baptisé le 16 juin 1648, décédé sans postérité vers 1675.
>
> *c.* **Antonia Terrasse,** baptisée le 16 mars 1652.
>
> *d.* **Mathieu Terrasse,** baptisé le 16 juin 1656.
>
> *e.* **Marguerite Terrasse,** baptisée le 22 février 1661.

6º **Halips Bardy,** mariée à Mᵉ Mathieu Bergoing, demeurant à Escoularoux. — Le 14 décembre 1668, Halips Bardy étant détenue au lit d'une longue maladie « dont la mort s'en est suivie », Mʳᵉ Barreyre, curé, vint la visiter « et lui administra les saints sacrements qui sont destinés pour le bon crétien et crétienne au salut de son âme ». Après les avoir reçus, elle remercia le bon Dieu de lui avoir fait cette grâce et, du consentement de son époux, elle fonda trois messes sur un pré au terroir de la Challaud, « et ce pour le temps de 20 années commanssant en l'année 1669. La première messe cest dira le jour de Saint Thomas, xxi décembre de l'année 1668 ; la segonde le jour de Saint Jozef, 19 mars de l'année 1669 ; la dernière le jour de Sainte Elisabet, sixième juillet, et aussi sera tenu ledit sieur curé de donner advis à la maison de ladite deffunte, lorsque vodra dire les messes, afin qu'il sache le jour que les offices ce feront, afin d'y assister, sy bon leurs semble, pour unir leurs prières avec celles dudit sieur curé, à fin de obtenir les dont et grasses que le bon Dieu lui fera tant à ladite deffunte que à ceux et celles qui sont sorty et sortiront de ladite maison. » Hallips Bardy trépassa le 14 décembre 1668, après avoir donné le jour à cinq enfants :

> *a.* **Isabeau Bergoing**, baptisée le 4 décembre 1640, décédée le 18 du même mois.
>
> *b.* **Guillaume Bergoing**, baptisé le 1er février 1645 ; son parrain fut Mathieu Bergoing, sa marraine Anthonia Bardy, marié à Gabrielle Lacombe. Il eut une fille :
>
>> **Anne Bergoing**, qui épousa le 18 août 1698 Mathieu Bardy ci-après.
>
> *c.* **Michel Bergoing**, baptisé le 25 mars 1648.
>
> *d.* **Catherine Bergoing**, baptisée le 20 septembre 1654, décédée le 4 octobre 1654.
>
> *e.* **Marie Bergoing**, baptisée le 27 octobre 1656.

7° **N. Bardy**, marié à Solignat, paroisse de Brassac, mourut laissant une fille :

> « Mademoiselle **Marguerite Bardy**, de Solignat », mentionnée au testament de Michel Bardy du 4 novembre 1700, fut mariée à Antoine Raynard, mort avant 1686. Nous lui connaissons deux enfants :
>
> *a.* **Antoine Raynard.**

b. **Isabeau Raynard,** qui fut mariée à Mathieu
Bergoing, décédé en 1718. Nous la re-
trouverons comme marraine d'un des fils
de Sébastien Bardy et de Marguerite Lacombe : Antoine Bardy, baptisé le 18 mai
1703.

III. Anthoine BARDY, bourgeois de Ste-Florine, auteur commun des deux branches qui font l'objet de cette généalogie. Baptisé
le 8 février 1624. Son parrain fut Me Anthoine Bourguet et sa
marraine demoiselle Anthonia Bardy ; il se maria le 4 novembre
1655 avec demoiselle Isabeau Pradon, de la paroisse d'Auzon. La
famille Pradon était d'ancienne et bonne bourgeoisie. On trouve
parmi ses membres des procureurs d'office à Brioude et à Auzon,
des docteurs et avocats, des notaires royaux et des chanoines de
St-Laurent d'Auzon. Yves Pradon, greffier des rôles de la ville
d'Issoire, portait : « *d'azur aux lettres Y P et M d'or entrelacées* [1]. »
Anthoine Bardy trépassa le 2 novembre 1691, ayant eu 8 enfants :

1º **Marguerite Bardy,** baptisée le 23 mars 1658, se maria à
N. Prunayre, de Jumeaux, et donna naissance à :

Marie Prunayre, baptisée le 4 août 1691 ;

Sébastien Prunayre, baptisé le 8 juin 1697.

2º **Claude Bardy,** bourgeois, auteur de la branche aînée qui resta
établie à Sainte-Florine et dont nous allons nous occuper
ci-après.

3º **Jean Bardy,** qui fut officier de Son Altesse Royale Madame,
avait été appelé à Paris par son oncle, Michel Bardy, et
institué un de ses légataires universels.

4º **Sébastien Bardy,** bourgeois, auteur de la branche cadette,
s'établit à Chambeaux, paroisse de Vezezoux, par son
mariage avec Marguerite Lacombe.

5º **Antoine Bardy,** bourgeois de Paris, baptisé à Sainte-Florine
le premier février 1672 ; son parrain fut Me Anthoine
Bourguet, praticien. Il mourut sans postérité.

1 D'HOZIER. *Armorial général.* — Auvergne, page 251, nº 14.

6º **Mathieu Bardy**, bourgeois de Ste-Florine, baptisé le 20 janvier 1675, marié le 18 août 1698 avec demoiselle Anne Bergoing, sa cousine, fille de Guillaume Bergoing et Gabrielle Lacombe. Par contrat de mariage en date du 3 août 1698[1], elle reçoit 1,000 livres de Mᵉ Michel Bardy, « officier de la feu Royne. »

Le testament de Mathieu Bardy fut reçu le 29 avril 1731 par Mᵉ Pierre Creyssent, notaire royal à Sainte-Florine. Dans cet acte, il donne « aux sieurs curés et prêtres dudit Sainte-Florine la somme de 40 sols de fondation en rente annuelle et perpétuelle payable par ses héritiers à chacune feste de sainct Martin d'hyver, a commencé après son décès arrivé et ainsi continué à perpétuité, à la charge de dire et de célébrer par lesdis sieurs curés et prêtres dans ladite église chacune année quatre messes basses de *requiem* à basse voix, l'une le jour de sainct Mathieu, l'autre le jour de saincte Anne, autre le jour sainct Ambroize et l'autre le jour de saincte Elisabeth, laquelle fondation de rente il a assignée expressément sur un champ situé dans les appartenances dudit Sainte-Florine, terroir de Champissouley. »

Il assure en outre à son fils, Mathieu Bardy, une somme suffisante pour lui permettre d'arriver à l'état de prêtrise, « en cas qu'il le veuille embrasser », et il ordonne que son corps privé d'âme soit inhumé en l'église de Sainte-Florine. De cette union étaient issus quatre enfants :

> *a.* **Isabeau Bardy**, mariée le 9 février 1721 à Mᵉ Ambroise Raynard, d'Orsonnette. Son contrat de mariage fut reçu par Mᵉ Bérard, notaire, en février 1721. De cette union naquit une fille :
>
> > **Marguerite Raynard**, baptisée le 10 février 1722.
>
> *b.* **Gabrielle Bardy**, mariée le 15 septembre 1731 à Charles Mercier. Leur contrat fut passé le 20 août 1731 pardevant Mᵉ Pierre Creyssent, notaire à Sainte-Florine.
>
> *c.* **Antoine Bardy**, baptisé le 2 octobre 1715 et décédé en bas âge.

---

1 Les minutes de Pierre et de François Creyssent sont aujourd'hui en l'étude de Mᵉ Coupat, notaire à Sainte-Florine, qui a bien voulu nous les communiquer.

d. **Mathieu Bardy**, baptisé le 4 avril 1718. Son parrain
fut Antoine Bardy, bourgeois de Paris. Il entra
dans les ordres et devint prêtre et chanoine du
vénérable chapitre collégial de St-Laurent de la
ville d'Auzon[1]. Son titre clérical du 25 novembre
1741, reçu par François Creyssent, notaire royal
à Ste-Florine, lui assure un capital produisant
80 livres de rente.

7° **Antoine Bardy**, bourgeois de Paris, baptisé à Ste-Florine le
11 août 1678. Attiré à Paris dès sa jeunesse, il devint « juré
mesureur visiteur et contrôleur des grains et farines de la
ville, faubourg et banlieue de Paris[2]. » Antoine Bardy dut
évidemment cette importante fonction à la protection de
Michel Bardy, son oncle. Il mourut le 24 janvier 1728. Le
même jour fut déposé chez Mᵉ Masson, notaire à Paris,
son testament olographe en date du 2 juillet 1726, par
lequel il partageait sa fortune entre ses frères et neveux.

8° **Claude Bardy**, bourgeois de Paris, baptisé à Ste-Florine le
18 juillet 1683. De même que son frère Antoine qui précède,
il était allé se fixer à Paris où il fut appelé aux fonctions de
« mouleur de bois[3]. » En 1728, Claude Bardy habitait,
avec son frère Antoine qui précède, rue des Nonnains-
d'Hyères, et fut institué son héritier universel. Dans la

---

1 Ce chapitre d'Auzon avait été fondé au xᵉ siècle par Guillaume le Pieux, comte
d'Auvergne. Il se composait de 12 chanoines, sans chef de dignité ni de personnel. Il
possédait une partie des dîmes de la paroisse, ce qui élevait les revenus de la prébende
de chacun de ses membres à environ 600 livres, monnaie du temps. Le curé et le
vicaire en faisaient partie depuis 1425 et ils prenaient rang suivant leur promotion.
Les chanoines se recrutaient principalement dans la bonne bourgeoisie du pays ; mais
aussi dans la noblesse, car près de celui de Brioude, le chapitre d'Auzon était en
quelque sorte le correctif des exigences de ce dernier, dans lequel étaient seuls admis
les sujets pouvant fournir huit quartiers de noblesse.

2 On appelait ainsi les officiers publics qui avaient le monopole du mesurage des
graines sur les marchés. « Les mesureurs de graines de Paris formaient une corporation
dès le temps de saint Louis, comme le prouve le *Livre des Métiers*. » Le roi Jean leur
assigna un marché spécial, le 30 janvier 1350-1351. D'autres ordonnances de 1415,
1438, 1471, 1546, 1633, 1667, 1674, etc., confirmèrent les règlements relatifs aux
mesureurs de graines. Charles IX, par un édit du mois de janvier 1569, avait créé un
mesureur de graines en titre d'office, dans toutes les villes et bourgs où il y avait des
foires et marchés ; mais cet édit n'ayant pas reçu immédiatement exécution, il fallut
que Louis XIV publiât, en janvier 1697, un nouvel édit pour prescrire l'exécution de
cette mesure fiscale. (A. CHÉRUEL. *Dictionnaire des Institutions, Mœurs et Coutumes de
la France*).

3 Les officiers publics ainsi désignés formaient une corporation très importante qui
avait le privilège du mesurage des bois sur les marchés de la capitale. Le 22 octobre
1720, cette communauté avait versé 8,063,120 livres au trésor royal sur les 25,000,000
de rentes créées par édit du roi du 19 juin 1720.

suite, il se fixa « quai d'Anjou, île Notre-Dame, paroisse Saint-Louis. » Il avait épousé demoiselle Elisabeth Jean, de Saint-Germain-en-Laye. Leur postérité ne nous est pas connue.

Branche aînée

IV. Claude BARDY, deuxième enfant d'Anthoine Bardy et d'Isabeau Pradon, fut baptisé à Ste-Florine le 9 février 1661 et se maria avec demoiselle Radegonde Chassaing, dont la famille, originaire d'Auzon, était alliée à la meilleure bourgeoisie de la contrée. On retrouve, parmi les Chassaing, des baillis d'Azerat et des chanoines de St-Laurent d'Auzon. Il était propriétaire de plusieurs mines de charbon qu'il faisait exploiter et dont il expédiait les produits vers Paris par bateaux sur l'Allier. Cette industrie des transports par eau était alors très florissante à Brassac, Brassaget et Jumeaux, et déjà elle avait procuré d'assez belles fortunes à quelques-uns de ceux qui, sous le nom de « voiturier du Roi par eau », dirigeaient ces entreprises. Claude Bardy acheta plus tard la charge de greffier alternatif des tailles pour la paroisse de Ste-Florine et, en 1711, il acquit de Me Ytier la charge de notaire royal audit lieu, qu'il céda en 1717 à son fils Antoine. Il trépassa à Ste-Florine le 27 janvier 1727 après avoir, par acte du 21 janvier, fondé à perpétuité, dans l'église de cette paroisse, « deux messes basses de *requiem*, l'une le jour de saint Claude, 6 juin, et l'autre le jour de sainte Radegonde, 12 août. » Ses enfants, au nombre de dix, furent :

1º **François Bardy,** baptisé le 26 novembre 1684, dont le parrain fut Me François Chassaing, bailli d'Azerat.

2º **Michel Bardy,** baptisé le 22 novembre 1687. Son parrain fut Michel Bardy, bourgeois de Paris ; sa marraine « honneste femme Isabeau Pradon, son ayeuille. » Michel Bardy le fit instruire à Paris et lui légua, par testament, une somme de six mille livres pour achever ses études. Il devint « prêtre et bachelier en Sorbonne, chapelain de la chapelle de saint Pierre et de saint Paul en l'église du St-Sépulcre, à Paris ; vicaire et sacristain de Ste-Geneviève-des-Ardans dans l'isle », et mourut en 1738 laissant un testament en date du

12 février 1738, contrôlé à Paris le 11 juillet de la même année, vu au greffe des insinuations du Châtelet le même jour et déposé chez Mᵉ Deshayes, notaire à Paris. Dans ce testament, il partage ses biens entre ses frères et sœurs et les charge de donner tous les ans 30 livres à sa sœur, religieuse de Fontevrault ; ses ornements sont légués à l'église. Il nomme son oncle, Claude Bardy, habitant quai d'Anjou, son exécuteur testamentaire et le charge de prélever 500 francs sur la vente de ses livres pour faire élever quelqu'un de ses neveux, surtout parmi les enfants de son frère Mathieu, tel qu'il jugera à propos. Cette somme fut en effet employée à l'instruction de Claude Bardy, né à Ste-Florine, qui devint dans la suite bourgeois de Paris.

3o **Isabeau Bardy**, baptisée le 27 décembre 1689. Par contrat du 24 août 1727, reçu par Mᵉ Creyssent, elle fut mariée à Mᵉ Antoine Mercier, de Ste-Florine ; sa dot fut de 1,700 livres et comprenait en outre un ameublement. Nous ne lui connaissons qu'une fille :

   Marguerite Mercier, baptisée à Ste-Florine le 27 février 1731.

4o **Antoine Bardy**, baptisé le 4 septembre 1692. Ayant peu de goût pour continuer les exploitations industrielles de ses parents, il prit, dès qu'il fut en âge, la charge de notaire royal que son père avait acquise en 1711 et qu'il lui céda le 3 août 1717, par acte reçu Creyssent. Il la conserva jusqu'en 1752 et en acheta une autre à Estroupiat, paroisse de St-Martin-des-Ollières, où il se retira avec sa famille. Il s'était marié le 4 octobre 1723 avec demoiselle Anne Marge, qui mourut en 1725. Il se remaria le 6 septembre 1727 avec demoiselle Antoinette Guéringuaud, décédée le 11 octobre 1759. Elle était d'une famille des plus recommandables, originaire de Brioude, ayant fourni des notaires et des châtelains de Vieille-Brioude, qui s'est fondue dans la famille Gaitte de Vieille-Brioude, le 16 novembre 1699, par le mariage de Madelaine Guéringuaud, fille de feu François et de Marguerite Benoît, avec M. Joseph Gaitte, châtelain de Vieille-Brioude [1]. Julien Guéringuaud, père

---

1 Cette note nous a été obligeamment communiquée par M. Fournier-Latouraille, de Brioude.

d'Antoinette qui précède, s'était établi à Auzon et avait fait enregistrer ses armoiries qui sont « *De gueules à une colombe s'essorant d'argent* [1] » Antoine Bardy mourut le 14 décembre 1759. De ces deux mariages, naquirent :

1er LIT :

a. **Mathieu Bardy**, baptisé à Ste-Florine le 26 février 1724.

b. **Marguerite Bardy**, baptisée le 30 juillet 1725.

2e LIT :

c. **Sébastien Bardy**, baptisé le 15 juillet 1728.

d. **Joseph-Benoît Bardy**, dont il est fait mention en 1758 au contrat de mariage d'Elisabeth Bardy avec Claude Fournier. Il se maria avec demoiselle Marie-Anne Gladel, qui le rendit père de deux enfants :

Angélique Bardy, née en 1732,

Elisabeth Bardy.

5° **Mathieu Bardy**, qui suit.

6° **Michel Bardy**, baptisé le 21 novembre 1694, frère jumeau de Mathieu qui précède. A l'époque du testament d'Antoine Bardy, le 2 juillet 1726, il était en Picardie soldat au régiment de Mire Tartarin d'Argeville ou d'Argenville. Nous ignorons quelle fut ultérieurement sa destinée.

7° **Jean Bardy**, baptisé le 21 octobre 1696. Son parrain fut « Me Jean Chassaing, prestre et chanoine du vénérable chapitre de Saint-Laurent de la ville d'Auzon. »

8° **Anne Bardy**, baptisée le 3 mars 1698.

9° **Jeanne Bardy** baptisée le 27 avril 1700, « fit profession dans le cœur de l'église au couvent et monastère des Dames

1 D'HOZIER. *Armorial général. Auvergne*, p. 181, n° 33 et p. 191, n° 36. Auzon et Vieille-Brioude.

prieures religieuses de Ste-Florine, à la fin de la messe
conventuelle et paroissiale, en conséquence de la permission
de madame l'abesse de Fontevrault, abesse générale, après
un noviciat de 15 mois, pour y rentrer religieuse de cœur. »
Le 23 novembre 1721, elle reçut une dot de 2,000 livres
payée comptant, comme il est constaté par acte du même
jour passé devant Mᵉ Pierre Creyssent, notaire royal à
Ste-Florine. Elle remplit longtemps dans le couvent les
fonctions de « boursière » et figure en cette qualité dans un
grand nombre d'actes revêtus de sa signature et notamment
dans divers contrats de ratification de rentes en faveur des
dames religieuses dudit lieu, en date du 26 avril 1735.

10° **Gabrielle Bardy**, baptisée le 4 février 1705, eut pour parrain
Mᵉ Claude Bardy, bourgeois de Paris. Par contrat du 23
novembre 1721, reçu Creyssent, notaire royal, elle épousa
Mᵉ Antoine Paud, de Brassaget, dont elle eut un fils, Michel
Paud, baptisé le 21 juin 1726. Son parrain fut Mᵉ Mathieu
Bardy, praticien, et sa marraine demoiselle Anne Gannat,
épouse de Mᵉ François Creyssent, notaire à Brassac. Gabrielle Bardy épousa en deuxièmes noces Claude Périgon,
qui fut nommé recteur de l'école de Ste-Florine par acte du
12 janvier 1738 où il est dit : « Aujourd'hui dimanche 12
janvier 1738, à l'issue des vêpres dites et célébrées en l'église
paroissiale de Ste-Florine, diocèse de St-Flour, en Auvergne,
pardevant le notaire royal soussigné et en présence des
habitants de Ste-Florine assemblés au son de la cloche en la
manière accoutumée, ont comparu : Maître Mathieu Bardy,
Antoine et Charles Mercier, Martin et Jean Terrasse,
MM. Joseph Saturnin et Pierre Bourrel, habitants dudit
Ste-Florine, tous parents de défunt sieur Michel Bardy,
premier valet de chambre de la feue Royne, et en cette
qualité ayant et leur appartenant, suivant le testament dudit
défunt Michel Bardy, le droit de nommer un maître ou
recteur de l'école fondée par ledit défunt, etc. ; lesquels
étant suffisamment informés de la bonne vie et mœurs,
religion catholique, apostolique et romaine, capacité et
expérience du sieur Périgon, habitant dudit Ste-Florine et
parent dudit sieur Bardy, ont nommé et nomment par ces
présentes ledit Périgon pour maître d'école, etc. » Il mourut
encore investi de ces fonctions le 27 février 1753. Sa femme,
Gabrielle Bardy, mourut le 17 août 1767.

V. Mathieu BARDY, baptisé le 21 novembre 1694. Par contrat de mariage du 12 janvier 1724, reçu Fornet, notaire royal à Brioude, il épousa demoiselle Isabeau Brunet, fille de François Brunet, procureur d'office au bailliage de Lamothe, et de défunte demoiselle Gabrielle Chambige. La famille Brunet était de la plus ancienne bourgeoisie ; ses membres ont occupé des charges de notaires royaux, ont été baillis, chanoines de St-Laurent d'Auzon et conseillers à l'élection de Brioude ; elle était alliée aux familles nobles des environs[1]. Ses armoiries ont été enregistrées dans d'Hozier. Elle porte : « *De sinople à un More d'argent*[2]. » Par contrat, Isabeau Brunet reçoit 3,000 livres et se réserve ses droits dans diverses successions qui lui sont échues du côté maternel. « Claude Bardy, marchand de Ste-Florine, et honeste femme Radegonde Chassaing, père et mère dudit Mathieu Bardy, l'instituent leur héritier à la charge de partager leurs biens avec Michel Bardy, prestre et bachelier de Sorbonne, constituant à leurs autres enfants une somme de 1,700 livres, plus un mobilier et trousseau. Promet le futur d'orner sa future de bagues et joyaux jusqu'à concurrence de 150 livres. Passé à Lamothe en présence de Joseph Brunet, prêtre, frère de la future ; François, Pierre et autre François Darles, marchands bourgeois ; François Bertrand, notaire ; Me Vidal de Lachaud, avocat en parlement ; Gilbert Bertrand, bailly d'Azerat ; Toussaint Brunet, de Lamothe ; Mathieu Bardy, de Ste-Florine ; Jean Bardy, de Vezezoux ; Antoine Dejax, de Brioude, et de plusieurs autres parents et amis qui tous ont signé. »

Mathieu Bardy, continua l'exploitation des mines que possédait son père ; mais, dans la suite, des procès nombreux et dispendieux, ainsi que les difficultés croissantes de l'extraction, lui firent subir de grandes pertes. Bientôt même les couches supérieures se trouvèrent épuisées et les travaux pour en atteindre de plus profondes absorbèrent la plus grande partie de ses ressources. Il dut abandonner

---

1 Toussaint Brunet, frère d'Isabeau Brunet dont nous venons de parler, fut pourvu, en 1740, de l'office de conseiller du Roi en l'élection de Brioude. Sa fille, Marie-Antoinette Brunet, épousa, en l'église du château de Lamothe, le 4 mai 1749, Joseph-François de Barentin, chevalier, seigneur de Chiffey et d'Esminières, lieutenant de vaisseau du Roi. François Brunet, lieutenant de la vicomté de Lamothe, marié à Anne de Lachaud, eut parmi ses enfants une fille, Gabrielle, mariée le 14 novembre 1743 dans la chapelle du château de Lamothe, avec François Bertrand, fils de défunt François Bertrand, notaire et procureur d'office de la vicomté de Lamothe, et de Antoinette Bardy.

2 D'Hozier. *Armorial général. Auvergne*, page 481, n° 160. Note communiquée par M. Fournier-Latouraille.

son exploitation ; et par acte reçu Creyssent, le 31 décembre 1735,
« Mathieu Bardy et Isabeau Brunet, sa femme, vendent les mines
de charbon qui se trouvent ou peuvent se trouver dans les deux
héritages des Gours et Antonas, dépendant de la succession de
Claude Bardy père. » La vente était faite, moyennant 2,500 livres,
à Me Pierre Le Clerq, représentant la Compagnie des Mines cons-
tituée entre MM. de Milleville, Dubois et autres capitalistes de
Paris, par acte reçu Le Chanteur, notaire au Châtelet de Paris, le
16 juin 1732.

Mathieu Bardy mourut à Ste-Florine le 17 mars 1743. Il avait
huit enfants :

1° **Claude Bardy**, baptisé le 3 décembre 1724, décédé en bas âge.

2° **Joseph Bardy**, baptisé le 21 février 1726, décédé en bas âge.

3° **Antoinette Bardy**, baptisée le 20 avril 1728, décédée en bas
âge.

4° **Mathieu-Toussaint Bardy**, qui suit.

5° **Claude Bardy**, bourgeois de Paris, baptisé le 31 décembre
1732. Par contrat de mariage de son frère Toussaint, le
21 octobre 1755, sa mère Isabeau Brunet lui assure la somme
de 800 livres.

6° **Jeanne Bardy**, baptisée le 26 août 1734.

7° **Elisabeth Bardy**, baptisée le 2 juillet 1736, mariée à M. Claude
Fournier, chirurgien à St-Germain-l'Herm, d'où postérité
qui viendra en son rang.

8° **Jean-Joseph Bardy**, baptisé le 2 février 1739.

VI. Mathieu-Toussaint BARDY, praticien, baptisé à Sainte-
Florine le 22 septembre 1730. Il eut pour parrain Me Toussaint
Brunet, notaire royal. Son père, en mourant, ne lui laissa qu'une
modeste fortune, mais il le mit sous la tutelle et la direction de son
oncle Claude Périgon. Il commença des études juridiques dans le
but d'acheter une charge de notaire royal. Des revers de fortune
l'obligèrent bientôt à les interrompre, et il fut pourvu du rectorat de
l'école de Ste-Florine. Sa nomination eut lieu le 29 avril 1753 par

acte délibératoire de ses parents, reçu François Creyssent, notaire. Le 21 octobre 1755, il passait son contrat de mariage avec « demoiselle Madeleine Denier, fille à défunt Mᵉ Louis et défunte demoiselle Anne Polmier, du lieu de Lempdes, icelle résidant actuellement dans le couvent des dames religieuses dudit Ste-Florine et étant présentement hors la clôture dudit couvent, dans le parloir extérieur d'iceluy. » Ce premier contrat fut résilié par acte du même notaire François Creyssent, le 10 novembre 1755 et, le même jour, il en fut rédigé un autre avec de nouvelles conditions. Le 3 janvier 1760, sa mère, demoiselle Isabeau Brunet, lui donne procuration à l'effet de recevoir les sommes lui revenant pour sa part et portion dans la succession de Mme de Stainville, demeurant à Paris, de laquelle elle est héritière par représentation de feu Mᵉ François Brunet, son père, et du sieur Bertrand de La Bastide, bailly d'Azerat. Mathieu-Toussaint Bardy, devenu veuf, se remaria plus tard ainsi qu'il est constaté dans le contrat de mariage de François Bardy, son fils ainé, en date du 7 octobre 1783. Il mourut à Ste-Florine le 27 nivôse an IV, âgé de 72 ans. De son union avec Madeleine Denier, il avait eu 7 enfants :

1º **François Bardy**, baptisé le 31 août 1756, se maria avec demoiselle Françoise Raynard, de Ste-Florine, par contrat du 7 octobre 1783. A partir de son mariage (contracté contre le gré de son père, qui n'y assista point, mais qui était représenté par Mᵉ Alexandre Denier, marchand, de Lempdes, porteur de sa procuration), il n'est plus question de lui et nous ignorons complètement sa destinée.

2º **Elisabeth Bardy**, baptisée le 2 septembre 1757.

3º **Mathieu Bardy**, baptisé le 12 février 1760, décédé le 1ᵉʳ septembre 1761.

4º **Florine Bardy**, baptisée le 15 mai 1762.

5º **Mathieu Bardy**, qui suit.

6º **Marie Bardy**, baptisée le 12 mars 1767.

7º **Louis Bardy**, marié à demoiselle Jeanne Nazari. Il en sera question plus loin, après son frère Mathieu.

VII. Mathieu BARDY, baptisé le 11 septembre 1764, commença ses études dans l'école créée à Ste-Florine par son parent

Michel Bardy. De bonne heure il manifesta une grande inclination pour la chirurgie. Cette inclination fut favorisée, du reste, par la fréquentation de son oncle Claude Fournier, maître chirurgien. Aussi, le 24 juin 1781, on voit son père passer un bail ou contrat d'apprentissage pardevant les notaires royaux de Brioude en la sénéchaussée d'Auvergne, Salveton et Belmont, par lequel Jean-Noël Marret, maître en chirurgie, « s'engage et s'oblige de recevoir Mathieu Bardy, fils de Toussaint Bardy, dans sa maison et compagnie, à l'effet de lui apprendre l'art de la chirurgie, de lui donner à cet égard toutes les instructions nécessaires et de ne lui en rien cacher ni céler en aucune façon, de nourrir et de loger ledit Mathieu Bardy pendant tout le temps du présent bail d'apprentissage, qui doit être de la durée de deux ans pendant lesquels le sieur Bardy doit demeurer dans la maison du sieur Marret et s'occuper dudit état de son mieux. Le présent bail ainsi fait et consenti entre les parties pour et moyennant la somme de 400 livres, à compte de laquelle le sieur Bardy en a présentement payé audit sieur Marret au vu des notaires, celle de 120 livres. »

M. Marret était un chirurgien fort habile et d'un profond savoir. Son élève, intelligent et studieux, fit de grands progrès pendant les deux années qu'il passa auprès de lui. Puis il partit pour Paris où il continua ses études sous la direction de Desault, Sabatier et Dubois, jusqu'au moment de la Révolution. Le 21 octobre 1792, il suivit, avec le titre de chirurgien de 1re classe, l'armée du Rhin. Le 4 mars 1794, il fut nommé chirurgien en chef de l'hôpital militaire de Belfort, où il se maria le 16 août 1794 avec Hélène Ventrillon, d'une des plus honorables familles bourgeoises de cette ville. Le grand-père de sa femme et trois de ses oncles exerçaient la médecine ou la chirurgie. L'hôpital militaire ayant été supprimé, il prit quelque temps pour terminer ses études médicales, et, le 6 frimaire an XII, il présenta et soutint sa thèse à l'Ecole de médecine spéciale de Strasbourg. De retour à Belfort avec son diplôme de docteur en chirurgie, il fit de la médecine civile jusqu'en 1839, où il fut nommé médecin de la prison [1]. Il mourut le 7 décembre 1848. Ses enfants furent :

---

1 Extrait de la biographie de Mathieu Bardy, docteur en chirurgie, par Henri Bardy, pharmacien de 1re classe, membre de la Société belfortaine d'émulation, président de la Société philomathique vosgienne, officier d'académie.

1° **Toussaint-Christophe Bardy**, né le 3 germinal an iv, décédé le 16 janvier 1814 à l'hôpital militaire de Strasbourg où, malgré son jeune âge, il remplissait les fonctions d'aide-major.

2° **Florine-Hélène-Marguerite Bardy**, née le 21 floréal an vi, décédée le 19 juin 1809.

3° **Hélène-Madeleine Bardy**, née le 12 fructidor an vii, décédée le 12 ventôse an ix.

4° **Mathieu-Napoléon Bardy**, qui suit.

5° **Florine-Marie Bardy**, née le 1er août 1810, décédée le 10 avril 1816.

6° **Joseph-Victor Bardy**, né le 20 mars 1816, devint substitut du procureur de la République à Wissembourg en 1848, puis à Schlestadt ; revint comme juge à Wissembourg et passa à Belfort en 1858. Peu après, il fut chargé de l'instruction qu'il exerça jusqu'à sa mort, 17 avril 1884. En 1870, il passa les 56 jours que dura le siège de cette place dans les caves de diverses maisons amies ; la sienne avait été criblée par les éclats d'obus et rendue inhabitable.

VIII. Mathieu-Napoléon BARDY, né à Belfort le 16 août 1804, n'avait pas encore 20 ans qu'il était déjà licencié en droit et inscrit au barreau de Belfort. Il s'y maria le 16 août 1828 avec Joséphine Dauphin, dont la famille compte parmi les illustrations de la ville. Juge suppléant en 1831 et juge en 1835, il remplissait les fonctions de juge d'instruction en 1848, lorsqu'il fut nommé commissaire spécial du gouvernement pour le canton de Belfort, où il sut, par son énergie, maintenir l'ordre souvent troublé. Le 3 avril 1848, ses concitoyens le nommaient représentant du peuple pour le département du Haut-Rhin, par 46,000 suffrages ; mais le 26 mai 1849, l'Assemblée nationale étant déjà dissoute, il refusa la candidature pour l'Assemblée législative et reprit ses fonctions de juge d'instruction. Son passage à l'Assemblée, où il avait fait partie des groupes avancés, ne pouvait lui concilier la faveur du gouvernement ; aussi l'instruction lui fut-elle enlevée le 3 juillet 1849 ; elle lui fut cependant rendue en 1857, et enfin, le 1er octobre 1858, il devint président du tribunal de Wissembourg. Depuis longtemps Mathieu Bardy ne s'occupait plus de politique, mais son attitude en 1848 et ses votes à l'Assemblée fournissaient un prétexte à son maintien à ce poste, et il vit beaucoup de ses collègues, moins instruits et moins méritants, devenir conseillers à la Cour. Lorsque Wissembourg fut occupé par les Prussiens, un décret de l'Impératrice régente, en date du 9 août 1870, le nomma chevalier de la Légion d'honneur. Peu de jours après, il apprenait la mort de son fils Gustave, tué le 6 août à Freschvillers. Cependant, sous la patriotique et courageuse initiative de son président, le tribunal de Wissembourg n'en continuait pas moins à rendre la justice au nom du peuple français. Cette conduite lui valut, de la part du gouvernement établi à Tours, une lettre fort élogieuse en date du 23 octobre 1870. Mais, le 16 décembre, les Prussiens le chassaient de son siège et lui notifiaient d'avoir à se rendre dans les 48 heures à Nancy, où il devait être interné. Après la conclusion de la paix, il fut nommé à la présidence du tribunal de Montbéliard par décret du 3 septembre 1871. Belfort, sa ville natale, était encore occupée par les troupes prussiennes. Ce fut pour Mathieu Bardy une grande satisfaction de la voir enfin rendue à la France. Aussi, lorsqu'en 1874 il eut atteint l'âge de la retraite, il se hâta de regagner la maison qui l'avait vu naître, non toutefois sans avoir réparé les dégâts causés par le bombardement. Il fut aussitôt élu conseiller municipal, un éloignement de seize années n'ayant point affaibli l'attachement de ses concitoyens pour lui. Il mourut le 5 juin 1884[1]. De son mariage sont issus trois enfants :

1° **Mathieu-Henri Bardy**, qui suit.

2° **François-Gustave Bardy**, né le 4 décembre 1841. Sorti de Saint-Cyr en 1863, il passa par Saumur et fut nommé lieutenant au 6e régiment de lanciers. Il fut tué le 6 août 1870 à Frœschvillers dans la charge dite des cuirassiers de Reischoffen.

3° **Victor-Hyacinthe Bardy**, né le 11 septembre 1846, docteur en médecine à Belfort. En 1877, il remplaça au conseil municipal de cette ville son père, que son âge avancé obligeait à se démettre de ces fonctions. Marié le 14 décembre 1880 à Marie Stehlein, de Colmar, il a eu 5 enfants :

1. Extrait de la Biographie de Mathieu-Napoléon Bardy, par Henri Bardy.

a Gustave Bardy, né le 25 novembre 1881.

b Eugénie Bardy, née le 4 juillet 1883.

c Léon Bardy, né le 29 juin 1885.

d Mathilde Bardy, née le 11 mai 1888.

e André Bardy, né le 13 juillet 1890.

IX. **Mathieu-Henri BARDY,** né le 28 mai 1829, s'établit comme pharmacien de première classe à Saint-Dié (Vosges) et se maria avec Anne-Julienne Arragain. Auteur des deux biographies dont nous avons donné des extraits, esprit très cultivé et travailleur infatigable, il est lauréat des Conseils d'hygiène de France, président de la Société philomathique vosgienne et officier d'Académie. De son mariage sont issus deux enfants :

1º **Anne-Marie Bardy,** née à St-Dié le 25 septembre 1862, mariée le 21 août 1886 à Emile Lorber, dont une fille :
Jeanne Lorber, née le 3 juin 1887.

2º **Mathieu-Philippe Bardy,** né le 4 février 1867, a succédé à son père dans l'exercice de la pharmacie, à Saint-Dié.

Rameau
issu de Mathieu-Toussaint BARDY VI

VII. **Louis BARDY,** septième enfant de Mathieu-Toussaint Bardy et de Madeleine Denier, fut baptisé le 24 octobre 1770 et se maria avec Jeanne Nazari, de Sainte-Florine, qui le rendit père de trois enfants :

1º **Marie Bardy,** née le 6 prairial an III.

2º **Toussaint Bardy,** né le 21 ventôse an VI, marié le 1er mars 1824 à Elisabeth Barody et décédé à Sainte-Florine le 6 juin 1880. Il fut à Sainte-Florine le dernier représentant de la famille Bardy, car les deux enfants issus de son mariage moururent en bas âge. Il testa en faveur de Mathilde-Augustine Bardy, sa nièce. La situation aisée dans laquelle il se trouvait lui avait valu le surnom de « Bardy le Rentier ». Sa femme, morte quelques années avant lui, s'inspirant des sentiments de la famille et avec l'approbation de son mari, testa en faveur des enfants de Ste-Florine. Sa maison est aujourd'hui occupée par une école de filles.

3º **Guillaume Bardy,** qui suit :

VIII Guillaume BARDY, né à Ste-Florine le 6 avril 1808, partit tout jeune encore pour Paris. Doué d'une grande activité et bien servi par son intelligence des affaires, il fonda dans cette ville une maison de commerce qui prospéra rapidement. Il se maria avec Angélique Chevalier et mourut dans le courant du mois de février 1878, laissant deux enfants :

> 1º **Auguste-Napoléon Bardy,** né à Paris le 3 juillet 1841, célibataire.

> 2º **Mathilde-Augustine Bardy,** qui suit :

IX. Mathilde-Augustine BARDY, née à Paris le 18 octobre 1852, mariée en premières noces le 7 mai 1872 avec Charles-Désiré Danin, dont postérité. En secondes noces, le 9 juin 1887, à Louis-Victor Droussant, dont une fille.

1er Lit :

> 1º **Mathilde-Lucie Danin,** née le 3 février 1873, décédée le 23 août 1875.

> 2º **Auguste-Eugène Danin,** né le 14 mars 1874, décédé le 5 janvier 1878.

> 3º **Lucien-Charles Danin,** né le 12 septembre 1875, décédé le 18 avril 1876.

> 4º **Lucile-Marie Danin,** née le 22 juin 1877.

2e Lit :

Suzanne-Marie Droussant, née le 10 décembre 1888.

Famille FOURNIER,
issue de Mathieu BARDY V

VI. Elisabeth BARDY, fille de Mathieu Bardy et de demoiselle Elisabeth Brunet, fut baptisée à Ste-Florine le 22 juillet 1737. Elle se maria le 8 juin 1758 avec Claude Fournier, chirurgien de St-Germain-l'Herm, fils de Me François Fournier, bourgeois de St-Germain-l'Herm, et de Angélique Guéringuaud. Un de ses ancêtres, Germain Fournier, était seigneur d'Estroupiat, paroisse de St-Martin-des-Ollières [1]. Le contrat de mariage d'Elisabeth Bardy fut passé devant Me Creyssent, notaire royal à Ste-Florine, le 29 novembre 1757. Elisabeth Bardy donna le jours à six enfants :

1.º **Angélique Fournier,** baptisée le 20 octobre 1758.

2º **Jean-Baptiste-Nicolas Fournier**, qui suit.

3º **François Fournier,** qui viendra après l'article de Jean-Baptiste-Nicolas.

4º **Jacques Fournier,** marié avec demoiselle Marie-Anne Touny, d'où postérité rapportée en son rang.

5º **Michelle Fournier,** baptisée le 20 avril 1769, mariée le 30 juillet 1787 à François Jourde, fils de feu Jacques Jourde, marchand à St-Germain-l'Herm, et Marie Chaudessolles [2], avec dispense du 3e degré de consanguinité. Nous ne leur connaissons qu'un fils :

    Claude Jourde, baptisé à Saint-Germain-l'Herm le

---

1 Cette famille a une origine commune avec une autre branche aujourd'hui éteinte, celle des Fournier de La Brugière, des Vialettes et autres lieux, qui compta, parmi ses membres, un secrétaire de la Royne de Navarre en 1588, un conseiller au présidial de Riom, un conseiller du Roy à la Cour des aides de Clermont et un trésorier de France à Riom. Divers membres firent enregistrer leurs armoiries, qui sont : « *De gueules à la colombe essorant d'argent portant un rameau d'olivier d'or accompagné en chef d'un croissant d'argent accosté de deux étoiles d'or et en pointe d'une étoile d'or accostée de deux croissants d'argent.* »

Enfin François Fournier, gendarme de la garde du Roy, anobli par lettres patentes de mai 1709, portait : « *D'azur à une colombe d'argent tenant en son bec un rameau d'olivier de sinople et, en chef, de gueules chargé de trois étoiles d'or.* » Cette famille compte de belles alliances dans la noblesse de robe à laquelle elle appartenait.

2 La généalogie de la famille Chaudessolles a été publiée dans le tome II de l'*Histoire de la ville de Clermont-Ferrand*, par A. Tardieu.

3 juillet 1789. « Son parrain fut Me Claude Fournier, ayeul ; sa marraine Marie Chaudessolles, ayeule paternelle. »

6° **Toussaint Fournier**, baptisé le 3 juin 1774. Son parrain fut Me Toussaint Bardy, praticien de Ste-Florine, oncle de l'enfant.

VII. Jean-Baptiste-Nicolas FOURNIER, baptisé le 12 septembre 1759. Son parrain fut Jean-Baptiste-Nicolas Fournier, chanoine du vénérable chapitre de St-Laurent de la ville d'Auzon. Il exerça comme son père la chirurgie. Il se maria le 19 septembre 1786 avec Elisabeth Dumont, fille à feu Antoine, marchand à St-Germain-l'Herm, et Elisabeth Meindre. « Ont été présents : François Fournier, grand-père ; Claude Fournier, père ; Honoré-Félix Dumont, frère ; Me Pierre Lafargue, lieutenant de Châteauneuf ; Me Benoît-Barthélemy Lemerle, notaire royal, beau-frère. » Leurs enfants furent :

1° **Claude Fournier**, baptisé à St-Germain-l'Herm le 31 octobre 1787. Son parrain fut Claude Fournier.

2° **Honoré-Félix Fournier**, qui suit :

VIII. Honoré-Félix FOURNIER, docteur en médecine à St-Germain-l'Herm, et plus tard juge de paix d'Olliergues, se maria avec Eugénie Viallevielhe et mourut à Champeix le 4 janvier 1872, laissant deux enfants :

1° **Casimir Fournier**, décédé en septembre 1879.

2° **Zulmie Fournier**, qui suit :

IX. Zulmie FOURNIER, mariée à François Palhou de La Molinière [1], décédée le 14 juillet 1889, laissant deux enfants :

1° **Suzanne de La Molinière**, née le 20 octobre 1848, religieuse au monastère des Ursulines de Clermont.

2° **Gaston de La Molinière**, qui suit :

---

1 Poplimont, dans la *France héraldique*, dit que cette famille est originaire du Languedoc. Nous croyons que c'est une erreur. Elle est originaire de La Courtine (Creuse). D'après Poplimont, ses armes sont : « *D'argent au chevron de sable accompagné en chef de trois roses de gueules et en pointe d'un arbre de sinople.* »

X. Gaston de La MOLINIÈRE, né le 30 mars 1852, notaire à Vic-le-Comte. S'est marié le 18 juillet 1888 avec Camille Cournol, issue elle-même de la branche cadette de la famille Bardy, et dont nous donnerons, en son rang, l'ascendance. De ce mariage est issue une fille :

> **Elisabeth de La Molinière**, née à Vic-le-Comte le 26 juin 1890.

VII. François FOURNIER, troisième enfant d'Elisabeth Bardy et Claude Fournier, baptisé le 27 janvier 1762. Se maria le 9 pluviôse an IV avec Radegonde Mandaroux, d'Auzon, fille de Jean Mandaroux, chirurgien, et de défunte Louise Bouchet[1], et en eut six enfants :

> 1º **Victor Fournier**, né à St-Germain-l'Herm le 9 mars 1800. Se maria le 30 janvier 1825 à Henriette Tinel, du Cheix, commune de St-Diéry, dont il eut trois enfants, et décéda le 29 octobre 1876.
>
>> *a.* **Félix Fournier**, né le 13 octobre 1826, marié le 26 octobre 1859 à Marie Rallier, de la Sauvetat, dont un fils :
>>
>>> **Henri Fournier**, né à la Sauvetat le 22 juillet 1864, marié le 22 février 1890 à Nathalie Védrine.
>>
>> *b.* **Eugénie Fournier**, née le 17 janvier 1830, mariée le 22 avril 1857 à Auguste Mazuc, d'Espalion (Aveyron), receveur des contributions indirectes à Clermont-Ferrand, dont un fils :
>>
>>> **Victor Mazuc**, né le 25 avril 1868, propriétaire au Cheix, commune de Saint-Diéry, marié le 21 juillet 1894 à Léonie Serre.
>>
>> *c.* **Elise Fournier**, née le 10 janvier 1833, célibataire, au Cheix.
>
> 2º **Théodore Fournier**. Se maria avec Julie Fayolle, de Condat, et mourut le 30 septembre 1856, laissant deux enfants :

1 Louise Bouchet était nièce du général J. Bouchet, ayant commandé successivement le département du Puy-de-Dôme et celui de la Haute-Loire en l'an VIII.

3

1º **Antoine Fournier**, décédé à Paris le 26 janvier 1892.

2º **Adèle-Henriette Fournier**, née le 14 septembre 1830. Se maria le 19 avril 1854 avec Jean-Baptiste Lafont de Mandet, contrôleur des contributions directes à Issoire, dont un fils :

> **Antoine-Marie-Gabriel de Mandet**[1], avocat à Clermont, né le 30 août 1860, marié le 14 mai 1889 avec Clémence Gourbayre[2], dont deux enfants :
>
>> 1º **Simone de Mandet**, née le 2 septembre 1890.
>>
>> 2º **Thierry de Mandet**, né le 2 décembre 1892.

3º **Zélie Fournier**, décédée sans postérité.

4º **Adèle Fournier**, décédée sans postérité.

5º **Fantou Fournier**, décédée en bas âge.

6º **François-Claude Fournier**, né en 1808, marié le 4 juin 1826 à Jeanne Paty, de Besse. Il mourut le 29 mai 1879, laissant trois enfants :

> *a.* **Michel Fournier**, né le 11 avril 1843, devint notaire à Besse, puis à Montferrand, où il est décédé le 27 mai 1892.
>
> *b.* **Louise Fournier**, née le 14 février 1847, décédée le 21 août 1892.
>
> *c.* **Valérie Fournier**, née le 15 novembre 1851, célibataire, receveuse des postes à Auzon.

VII. Jacques FOURNIER, quatrième enfant d'Elisabeth Bardy et de Claude Fournier, baptisé le 21 juin 1765 ; son parrain fut Jacques Jourde, sa marraine Marie Chaudessolles. Il se maria

---

1 Nous devons à l'obligeance de M. Gabriel de Mandet les renseignements que nous donnons sur sa famille.

2 Petite-nièce de l'amiral Gourbayre, gouverneur de la Guadeloupe.

avec Marie-Anne Touny, qui lui donna un fils et mourut à Saint-Germain-l'Herm le 24 janvier 1826.

Claude-Marie Fournier, né le 22 juillet 1803, marié le 11 février 1831 à Marie-Adèle Girard, nièce de Bancal des Issards, qui représenta le Puy-de-Dôme à la Convention nationale comme élu de la ville de Clermont. De ce mariage, deux enfants :

1º Adrienne-Ophélie Fournier, née le 3 décembre 1831, mariée le 25 août 1856 avec François-Joseph Faure, dont quatre enfants :

  a. Marguerite-Adèle-Adrienne-Joséphine Faure, née le 11 juin 1857.

  b. François-Léon-Joseph Faure, né le 3 mars 1860.

  c. Anne-Ophélie-Adrienne Faure, née le 30 janvier 1867, mariée le 15 septembre 1894 avec Pierre-Fernand Clerc, représentant de la maison Maurel frères, à Dakar (Sénégal).

  d. Alice-Marcelle Faure, née le 3 mars 1874.

2º Léonce Fournier, né le 16 janvier 1836, caissier de la Banque de France à Blois ; marié le 2 octobre 1867 à Amélie Fabre, dont deux enfants :

  a. Marc Fournier, né à Lille en 1868.

  b. André Fournier, né à Limoges en 1886.

Branche Cadette

IV. Sébastien BARDY, chef de la branche cadette, troisième enfant de Anthoine Bardy et de demoiselle Isabeau Pradon, fut baptisé à Ste-Florine le 16 février 1668. Il se maria le 8 février

1695 avec demoiselle Marguerite Lacombe [1], du lieu de Chambaud ou Chambeau, paroisse de Vezezoux, où il alla se fixer, laissant à Ste-Florine son frère aîné qui continua l'exploitation des mines possédées par sa famille. Vezezoux et Chambaud (aujourd'hui réunis en un seul) étaient alors deux petits villages coquettement situés en face de Sainte-Florine, sur le flanc de la colline qui borde la rive droite de l'Allier. Dès ce moment déjà, leurs maisons disséminées s'étendaient jusqu'aux bords de la plaine où coule la rivière. Cette situation presque unique faisait de Vezezoux un lieu admirablement situé pour l'industrie de la navigation. La plaine assez large qui s'étend de l'Allier jusqu'au-dessous du village offrait un emplacement commode pour les chantiers de bateaux qu'il était d'ailleurs facile de construire avec des bois tirés des montagnes voisines. Toutefois aucune entreprise bien sérieuse de ce genre ne fut faite avant 1684 ; car, jusqu'à cette époque, l'Allier ne fut navigable qu'à partir de Pont-du-Château. Mais les demandes réitérées des marchands qui habitaient entre Brioude et Pont-du-Château attirèrent enfin l'attention du gouvernement et, le 18 décembre 1679, le contrôleur général des finances Colbert ordonna les études d'un projet pour rendre la rivière navigable à partir de Brioude. Mathieu et Poitevin, ingénieurs et architectes du Roi, en furent chargés et 10,000 livres furent affectées à l'exécution des travaux. En juillet 1683, Mathieu passa un marché de 7,500 livres pour l'achèvement de cette œuvre [2]. Dès ce moment,

---

1 La famille Lacombe était alliée aux familles bourgeoises d'Auzon. Marguerite Lacombe, baptisée le 7 avril 1668, était fille de François Lacombe et de Anne Gounon ; et nous verrons une autre alliance entre un des fils issus de ce mariage et une fille de Paule Gounon, probablement la sœur, en tout cas la proche parente, de Anne Gounon. Plusieurs membres de la famille Lacombe ont été chanoines au chapitre d'Auzon ou religieuses de Fontevrault, à Ste-Florine.

2 MONTELLIER : *Histoire de la communauté des marchands fréquentant la rivière de Loire et fleuves descendants en icelle.* — Un savant et infatigable chercheur, M. Paul Le Blanc a trouvé à Vezezoux un jeton frappé pour cette importante communauté. Il a bien voulu nous le communiquer. Nous l'avons fait reproduire en lui conservant les déformations, résultats d'un long usage. On lit sur l'*avers* LOVIS . LE . GRAND . ROY . DE . FRANCE et au revers POVR . LA . COMM . D . MARCH . FREQ . LA . R . D . LOYRE — LIGERIS.

les produits de l'Auvergne purent être transportés jusqu'à Paris par l'Allier et le canal de Briare qui, commencé en 1605 par Sully, avait été achevé en 1642.

Les habitants de Vezezoux surent profiter du nouvel avantage qui leur était offert, et la famille Lacombe se livra elle-même à l'industrie nouvelle de la navigation. Déjà elle possédait plusieurs chantiers pour la construction des bateaux [1], lors du mariage de Sébastien Bardy, le 8 février 1695. Celui-ci appliqua tous ses soins à agrandir ces chantiers et à en augmenter le nombre et l'importance. Bientôt, grâce à une excellente organisation et à de nombreuses équipes d'ouvriers habilement dirigés, il put fournir des bateaux non seulement aux localités voisines, mais encore à un grand nombre de villes riveraines de l'Allier. Ses ateliers devinrent les plus considérables de toute la région. Cependant cette industrie ne suffisait pas encore à son activité : il y joignit bientôt celle des transports, et il expédia lui-même à Paris de nombreux chargements de blé, pommes, bois et charbons, ce qui lui assura en peu d'années une situation très prospère. Cette situation lui valut d'être nommé plusieurs fois consul et collecteur des tailles pour la paroisse de Vezezoux. Enfin, après 25 années d'actifs travaux, il mit son fils aîné, Jean Bardy, à la tête de ses affaires. Pour lui, ne voulant ni rester inactif ni quitter son pays, il sollicita et obtint des lettres de provision des greffes des rôles des tailles de la paroisse de Vezezoux, lettres qui lui furent accordées par le Roi le 27 janvier 1724, contre le payement de 880 livres versées le 23 décembre 1723. Ces lettres furent enregistrées au greffe de l'élection d'Issoire le 3 juin 1724 et au bureau des finances de Riom le 12 dudit mois. Il remplit ces fonctions pendant 10 ans et mourut le 8 septembre 1733 [2]. Son corps fut inhumé en l'église de Vezezoux, dans le tombeau qu'y possédait la famille Lacombe. Son épouse lui survécut encore vingt années et trépassa le 28 mars 1753. Ils avaient eu quatorze enfants :

1° **Anne Bardy**, baptisée le 27 avril 1696. Son parrain fut « M⁽ᵉ⁾ Claude Bardy, qui tint l'enfant à la place de M⁽ᵉ⁾ Michel Bardy, bourgeois de Paris. »

---

1 Ces constructeurs ont été désignés, jusqu'à la fin du xvii⁽ᵉ⁾ siècle, sous le nom de « charpentiers à bateaux. »

2 Son testament n'a pu être retrouvé, la minute ayant disparu. Il avait été reçu par Dalbine, notaire royal, le 2 août 1733.

2° **Isabeau Bardy**, baptisée le 29 août 1698. Furent présents au baptême : M⁰ Pierre Bergoing, philosophe, et M⁰ Benoît Lacombe. Le 27 septembre 1718, elle se maria avec M⁰ François Brugier de Brassaget, « après les formalités de l'Eglise observées. Fut présent audit mariage : Joseph Saturnin, chirurgien de Ste-Florine. » Après avoir donné le jour à six enfants, elle mourut le 31 janvier 1739. Son mari, François Brugier, fut nommé conseiller à la tutelle des enfants de son beau-frère Jean Bardy, par un acte du 5 août 1755, comme nous le verrons plus loin. Il mourut le 11 novembre 1760. Ses six enfants furent :

a. **Anne Brugier**, née en 1720.

b. **Jacques Brugier**, né en 1721, marié le 15 juillet 1749 à Jeanne Perret, dont il eut douze enfants parmi lesquels :

    aa. **François Brugier**, avocat en parlement et châtelain de Brassac, né le 21 septembre 1750, marié le 30 pluviôse an VII avec Madelaine-Françoise Croze, de Brioude, née le 9 juin 1762, fille de Jean-François-Ignace Croze, contrôleur ordinaire des guerres, et de Antoinette Rochette[1].

    bb. **Jeanne Brugier**, cinquième enfant, née le 19 novembre 1754, fut mariée le 22 janvier 1788 à Guillaume Jansenet, commissaire et lieutenant de la châtellenie de Brassac ; il devint plus tard notaire royal patenté.

c. **Antoine Brugier**, né en 1724, marié le 17 novembre 1750 avec Antoinette Perret, qui lui donna six enfants. Il mourut le 20 novembre 1764.

d. **Julien Brugier**, né en 1730. Marié le 27 février

---

[1] Son frère Jean-François-Joseph Croze du Clos, marié à Mlle Julie Ménard, fut receveur du grenier à sel de Brioude, commissaire des guerres, membre du Conseil des Cinq Cents et sous-préfet de Brioude.

1753 avec Anne Broulière, fille de Pierre Broulière et de Madeleine Vernière, il en eut sept
enfants et mourut le 26 août 1763.

e. **Ambroise Brugier**, né le 30 juin 1737, marié le 13
novembre 1761 avec Anne Prunaire, qui lui
donna quatre enfants. Il se maria en deuxièmes
noces, le 19 septembre 1767, avec Antoinette-
Claudine Lefèvre et, de ce deuxième lit, eut
encore un fils.

f. *Jacques Brugier*, né le 13 septembre 1738, eut pour
parrain Jacques Brugier, son frère, et pour
marraine Anne Brugier, sa sœur.

3° **Anne Bardy**, baptisée le 17 mars 1701 ; elle devint religieuse
professe au couvent des Dames de Fontevrault établi à
Ste-Florine. Dans le contrat de mariage de son frère Jean
Bardy, dont nous parlerons ci-après, son père lui assura,
en plus de la constitution de dot qui lui avait été faite à son
entrée en religion, une somme de « quinze livres de pension
annuelle et viagère, payable de six mois en six mois et par
avance. »

4° **Anthoine Bardy**, baptisé le 18 mai 1703.

5° **Jean Bardy**, qui suit.

6° **Radegonde Bardy**, baptisée le 24 mars 1707 ; son parrain fut
« Messire Philippe Lacombe, curé d'Azerat ; sa marraine
honnête femme Radegonde Chassaing. »

7° **Mathieu Bardy**, baptisé le 11 février 1709, décédé le 15 du
même mois.

8° **Mathieu Bardy**, qui fut baptisé le 19 juillet 1710 en présence
de François Martin, prêtre et vicaire de Brassac.

9° **Jean Bardy**, baptisé le 23 août 1712 ; son parrain fut Jean
Feuillant. Il mourut en bas âge.

10° **Antoine Bardy**, baptisé le 30 septembre 1713 ; il eut pour
parrain Me Antoine Bardy, praticien, de Ste-Florine. Marié
par contrat du 3 février 1734, reçu Gladel, notaire royal,

avec demoiselle Isabeau Laporte, de Brioude, il mourut
sans postérité avant 1755.

11° **Catherine Bardy**, baptisée le 2 février 1715 ; « l'on tenue
M⁰ Claude Bardy, de Ste-Florine, son cousin, et demoiselle
Elisabeth Bardy, sa sœur, pour M⁰ Claude Bardy, juré,
mouleur de bois, bourgeois de St-Germain-en-Laïs, et la
marraine, Catherine... (Le nom de famille n'a pas été écrit.) »
Catherine Bardy mourut le 23 février 1715.

12° **N...** Une fille morte le même jour, « ondoyée à la maison
soubs condition, par Antonia Vigier, veuve d'Antoine Paud,
le 3 avril 1717. »

13° **Jean Bardy**, baptisé le 13 février 1718, en présence de
M⁰ Joseph Saturnin. Il se maria avec demoiselle Louise
Chaulon, de Brassac, le 7 juillet 1739, après avoir obtenu
une dispense de deux publications, signée : Oradour, grand
vicaire. Par son contrat de mariage passé le 1ᵉʳ juillet 1739
devant M⁰ Creyssent, notaire royal à Ste-Florine, il lui fut
constitué 25 livres de rente sur l'hôtel de ville de Paris et la
somme de 2,750 livres. Ledit contrat de mariage « a été fait
et passé à Vezezoux, en la maison de Jean Bardy, frère aîné,
en présence de Guillaume de Latour de Bozac, prêtre et
curé de Vezezoux ; de M⁰ Philippe Lacombe, prestre et
chanoine de la ville d'Auzon ; Mathieu Bardy, Jean Saturnin, notaire et greffier de la ville d'Auzon, et M⁰ Jean
Seguin, bourgeois de Brassaget, etc. » De ce mariage étaient
issus six enfants :

    a. **Jean Bardy**, baptisé le 8 août 1740, décédé le
    8 mars 1761.

    b. **Anne Bardy**, baptisée le 11 août 1743, mariée le
    7 février 1791 à M⁰ Jean Bard, de Brassac.
    Devenue veuve, elle se remaria, par contrat du
    4 janvier 1793, avec François Noir, aussi de
    Brassac.

    c. **Antoinette Bardy**, baptisée le 11 septembre 1746.

    d. **Jean-François Bardy**, baptisé le 15 mars 1752.

    e. **Antoine Bardy**, baptisé le 14 décembre 1753.

f. **Anne Bardy**, baptisée le 28 juillet 1757.

14° **Marie Bardy**, qui fut mariée le 10 octobre 1747 avec Jean Chevant, dont la postérité formera le dernier article de notre généalogie.

V. Jean BARDY fut baptisé le 14 mai 1705 dans l'église de Vezezoux. Il eut pour parrain M. Claude Bardy, de Ste-Florine, à la place de M. Jean Bardy, bourgeois de Paris, et pour marraine demoiselle Jeanne Lacombe.

Après de bonnes études faites dans la maison paternelle, en compagnie de ses frères, sous la direction d'un précepteur commun, il apprit de bonne heure à seconder son père dans son important commerce. Il fut même assez au courant des affaires pour en prendre la complète direction dès l'âge de 20 ans.

Les entreprises de transport furent surtout l'objet de tous ses soins, car son jeune âge lui faisait préférer les déplacements fréquents à la vie sédentaire du constructeur de bateaux. Sa situation était fort prospère, lorsqu'à l'âge de 25 ans il se maria avec demoiselle Jeanne Jacquetin, d'une famille bourgeoise d'Auzon, dont plusieurs membres avaient occupé la charge de notaire royal en cette ville.

Jeanne Jacquetin, baptisée le 16 juillet 1713, « fille de M. Guillaume Jacquetin, « maire de ville » de la ville d'Auzon et de Paule Gounon », avait deux frères : l'un, Michel Jacquetin, était procureur ès Cour de la ville de Brioude ; l'autre, Jean Jacquetin, devint religieux de l'ordre de Cluny.

Le contrat de mariage en date du 31 janvier 1730, fut passé devant MM^{es} Dalbine, Gladel et Antoine Bardy, notaires royaux, la minute restant aux mains de ce dernier [1].

« Me Jean-Baptiste Saturnin, notaire royal et procureur d'office au bailliage d'Auzon, beau-père de la future épouse, déclare l'autoriser à contracter le présent mariage et s'obliger solidairement avec son épouse, demoiselle Paule Gounon, à fournir à ladite demoiselle Jacquetin une dot de 3,000 livres et un trousseau, le tout payable et livrable après la célébration du mariage.

» De leur côté, Sébastien Bardy et Marguerite Lacombe instituent leur fils Jean Bardy leur héritier universel, à la charge par lui de

---

1 Les minutes d'Antoine Bardy, notaire royal à Ste-Florine, sont la propriété de Me Coupat, notaire audit lieu,

payer 2,050 livres à chacun de ses trois frères ou sœurs : Antoine, Jean et Marie, savoir : 2,000 livres pour bien paternel et 50 pour le bien maternel, et ce à leur majorité, mariage ou entrée en religion, et lui consentent que la somme de 500 livres échue audit Sébastien dans la succession de son frère Antoine Bardy, bourgeois de Paris, aux termes de son testament en date du 26 juillet 1726, soit partagée par égale portion entre le futur époux et les quatre autres enfants autres que la religieuse; à la charge encore pour le futur de payer à la dame Bardy, sa sœur, religieuse à Ste-Florine, la somme de 15 livres de pension annuelle et viagère, payable de six mois en six mois et par avance à partir du jour du décès dudit Bardy père. Le présent contrat fait et passé audit Auzon, maison du sieur Saturnin, en présence de Me Laurent, docteur en théologie, prêtre et curé d'Auzon ; Me Joseph-Benoît Fournier, Me Jean Dulac, Me Philippe Lacombe, Me Jean Dalbine et Me Jean Thomas, tous docteurs en théologie, prêtres et chanoines dudit Auzon ; de M. François-Joseph du Croc, chevalier, seigneur de Brassac et autres places ; M. Pierre de Vertamy, escuyer, seigneur de Durbiat ; M. Mathieu Bardy, praticien ; M. Michel Jacquetin, procureur ès-Cour de la ville de Brioude ; de Jean et Claude Oradour, bailly de cette ville d'Auzon, qui ont signé. »

De ce mariage, naquirent treize enfants.

Jean Bardy avait pu apprécier par lui-même l'utilité d'une instruction sérieuse ; aussi voulut-il assurer celle de ses enfants. Il leur choisit comme précepteur un homme de talent, Me Jean Fouilhoux, jeune prêtre, qui demeura à Vezezoux jusqu'au décès de Jean Bardy ; devint ensuite vicaire de Anzat-le-Luguet et plus tard chanoine de l'église de Notre-Dame du Port, à Clermont.

Nous retrouvons avec intérêt le nom de Jean Bardy et de son épouse sur une cloche dont ils dotèrent l'église de Vezezoux. On l'y voit encore. Elle porte cette inscription : « *In honorem beatæ Mariæ Virginis omnium fidelium patronæ. Johannes Baptista Bonnafoux rector. Le parrain, Jean Bardy ; la marraine Jeanne Jacquetin.* » *(Luminier. Frs. Fouret. 1751).*

Le 14 juin 1754, Jean Bardy fit devant Creysent, François, notaire à Ste-Florine, son testament dont voici la teneur :

« Veut et entend ledit sieur testateur que son corps privé d'âme soit inhumé en l'église de Vezezoux et au vas et tombeau de ses prédécesseurs. Veut aussi que chaque jour des offices qui sont le retour, la quarantaine et le bout de l'an, il soit aumôné aux pauvres la quantité de deux setiers de bled, mezure de Brioude. Veut et entend ledit testateur qu'il soit célébré pour le repos de son âme, dans sa chapelle située dans la basse-cour de sa maison, au lieu de Vezezoux, pour le repos de son âme et de ses prédécesseurs pendant l'année de son décès, la quantité de 200 messes de *Requiem* à basse voix avec un *Libera me* à la fin de chacune d'icelle, et, pour cet effet, donne et lègue, au sieur curé de Vezezoux, la somme de 100 livres qui lui sera payée en deux termes égaux. Donne à la demoiselle Jacquetin, son épouse, la jouissance du quart de ses biens ; donne à son fils aîné le quart et quatrième partie de ses biens en toute propriété, et institue François, Jacques, Jean et Marguerite Bardy ses héritiers universels [1]. »

Il mourut le 21 juin 1754 et son corps, selon son ordre, fut inhumé en l'église de Vezezoux. Ses treize enfants furent :

1° **Marie-Paule Bardy,** baptisée le 11 mars 1736.

2° **Isabeau Bardy,** baptisée le 26 juin 1737.

3° **Jean-Baptiste Bardy,** baptisé en 1738, décédé le 27 septembre 1752.

4° **Jean-Toussaint Bardy,** baptisé le 1er novembre 1739.

5° **Jean-Claude Bardy,** baptisé le 14 décembre 1741.

6° **François Bardy,** qui suit.

7° **Marie Bardy,** baptisée le 30 mars 1745. Son parrain fut Jean Saturnin, contrôleur des actes.

8° **Jacques Bardy,** baptisé le 31 août 1746, marié le 19 janvier

1 Les dispositions du testament, notamment la clause relative à son inhumation dans un tombeau appartenant à la famille Bardy, dans l'église de Vezezoux, indiquent une situation importante, ce privilège étant alors généralement réservé à la noblesse. Mais si l'on veut se rendre compte de ce qu'était la maison Bardy à cette époque, il suffit de consulter l'inventaire dressé le 14 août 1755. Il est trop considérable pour le donner ici ; cependant nous y remarquons, avec des meubles de tous styles et des tapisseries « façon d'Aubusson », de nombreuses pièces d'argenterie, une tabatière et des boucles de souliers en argent, une montre à double boîtier en argent, une autre à double boîtier en or, une abondante vaisselle d'argent, et d'étain (152 livres) et une profusion d'ustensiles en cuivre, une quantité considérable de linge et enfin, d'une façon complète, tous les objets nécessaires au service de la chapelle privée dont le chapelain remplissait, avons-nous dit, auprès des enfants, l'office de précepteur. Cette chapelle a été détruite au cours des travaux de rectification de la route.

1768 avec demoiselle Antoinette Buisson, de Sauxillanges, qui donna le jour à six enfants :

> *a.* **Marie Bardy**, baptisée à Sauxillanges le 14 janvier 1769.
>
> *b.* **Jean Bardy**, baptisé à Sauxillanges le 3 octobre 1772.
>
> *c.* **Jeanne Bardy**, baptisée à Sauxillanges le 24 juin 1775.
>
> *d.* **Jean Bardy**, dit l'**Avocat**, baptisé à Vezezoux le 5 juillet 1777.
>
> *e.* **Marie Bardy**, baptisée à Vezezoux le 3 août 1779.
>
> *f.* **Augustin Bardy**, baptisé à Vezezoux le 3 avril 1780.

9° **Jean-Baptiste Bardy**, baptisé le 10 septembre 1747.

10° **Jean Bardy**, baptisé le 19 octobre 1748, marié à Jeanne Berty, de Brioude. Nous parlerons de sa postérité après celle de son frère François.

11° **Jeanne Bardy**, baptisée le 19 février 1750.

12° **Jean Bardy**, baptisé le 23 mai 1751 ; son parrain a été Me Jean Chapuy, diacre ; sa marraine, demoiselle Catherine Doniol.

13° **Marguerite Bardy**, baptisée le 12 octobre 1752, mariée à Mary Vachier, de la Chaise-Dieu. Sa postérité forme un rameau dont il sera parlé en troisième lieu.

VI. François BARDY fut baptisé à Vezezoux le 14 février 1744. Il était encore fort jeune lorsque son père mourut le 21 juin 1754. Sous l'œil maternel, il reçut les premières notions des lettres et des sciences de l'abbé Fouilhoux, qui remplissait, nous venons de le dire, dans la maison Bardy, l'office de chapelain et de précepteur. Cet ecclésiastique ayant été appelé à la vicairie d'Anzat-le-Luguet, François et deux de ses frères le suivirent sous le rude climat du Cezallier, pour continuer, sinon pour compléter leur instruction. Leur mère s'était remariée en 1755.

Une fois les études classiques achevées, François Bardy, obéissant à l'usage général des familles bourgeoises d'Auvergne, vint à Riom apprendre le droit et la procédure pour acquérir le titre d'homme de loi dont il se qualifiait à son retour à Vezezoux en 1763.

Presque aussitôt il épousa, le 21 août 1764, Anne Broulière, de Brassaget, fille de Pierre Broulière et de Madeleine Vernière.

Son contrat de mariage, reçu Chalier, notaire à Brassac, le 5 août 1764, fut contrôlé à Ste-Florine le 19 du même mois et, le 21 août 1764, fut donnée la bénédiction nuptiale à « François Bardy, mineur, fils de feu Jean Bardy et de dame Jeanne Jacquetin, de Chambaud, paroisse de Vezezoux, autorisé par Jean Saturnin, son curateur, procureur d'office en la ville d'Auzon, conjointement avec Jeanne Jacquetin, sa mère, mariée en segonde noce avec Augustin Lafaye,

» Avec demoiselle Anne Broulière, mineure, née le 20 septembre 1745, fille de défunt Pierre Broulière et de défunte Madeleine Vernière, vivants marchands, du lieu de Brassaget, autorisée par ladite demoiselle Vernière, sa mère, vivante lors du contrat de mariage (décédée le 11 août 1764). En présence de Jean Saturnin, Jean Bardy, frère de l'époux, Jean Vernière, Noël Gasquet et Jean Vernière, beau-frère de l'épouse. »

Ce mariage mit François Bardy en relations d'affaires avec Feuillant, les Vernière (de Brassaget et de Brioude), les Seguin, les Sadourny. Il reprit alors l'industrie des bateaux et le commerce des charbons si prospère à cette époque, ainsi qu'en témoignent Legrand d'Aussy et le savant minéralogiste Monnet, notre compatriote [1].

En même temps il gérait ses propriétés ou se livrait aux plaisirs de la chasse. Celle-ci avait fait naître certaines difficultés entre lui et le possesseur de la terre de Brassac, François du Croc de Bressoulière. Le décès naturel de ce dernier, survenu en 1774, arrêta l'échange des aimables procédés, c'est-à-dire des coups de fusils, dont le seigneur et le bourgeois se saluaient d'une rive à l'autre de l'Allier.

François Bardy ne paraît pas avoir joué de rôle marquant pendant les trois premières années de la Révolution. Le 6 septembre 1792, le corps électoral de la Haute-Loire, réuni à Brioude, depuis le 2 du

---

[1] Legrand d'Aussy. *Voyage fait en 1787 et 1788 dans la ci-devant Haute et Basse Auvergne.* T. II, pp. 255 et suiv.

H. Mosnier. *Voyage de Monnet, inspecteur général des Mines, dans la Haute Loire et le Puy-de-Dôme* (1793-1794).

même mois pour l'élection des députés à la Convention, le choisit comme troisième suppléant. Ce fut, rapporte la tradition, grâce à l'influence de son frère Jean, homme de loi dans cette ville. Il venait de marier son fils aîné le 9 avril 1792 et de l'associer à son commerce.

L'année suivante, le gouvernement ordonna une fête pour l'acceptation de la nouvelle Constitution. Toutes les assemblées primaires durent envoyer des députés qui se réunirent au champ de la Fédération. Cet anniversaire n'était plus fixé au 14 juillet, mais au 10 août, car la prise des Tuileries avait amené la République, tandis que la prise de la Bastille, laissant subsister la monarchie, n'avait aboli que la féodalité. François Bardy, déjà en évidence, fut choisi pour représenter le canton d'Auzon et porter l'adhésion à l'acte constitutionnel. Il assista aux séances de la Convention dans la tribune spéciale affectée aux suppléants, car il ne prit pas une part active à ses délibérations avant le 15 floréal an III (25 avril 1795).

A cette date, la Convention résolut de combler, par la voie du tirage au sort, les vides que les circonstances de diverses natures avaient produits dans ses rangs. Cette opération amena le nom de François Bardy. Lorsqu'il vint prendre possession de son siège de député, Paris traversait une crise des plus aiguës. Il y régnait une disette affreuse de pain, un manque absolu de moyens de chauffage par un froid rigoureux encore au milieu du printemps, un renchérissement excessif de toutes les marchandises auquel il était impossible de parer avec un papier qui perdait tous les jours de sa valeur. L'indemnité des représentants avait été élevée de 18 à 36 livres ; elle était encore insuffisante. Le 30 floréal, la distribution du pain faite par les sections fut seulement de deux onces par personne.

Secondé par son fils et associé, François Bardy organisa, sur ses bateaux, des convois de vivres. Tant que la chose fut nécessaire, et au grand contentement de ses amis, il se fit régulièrement expédier des viandes salées et du pain de seigle, plus lent à durcir que le pain de froment ; car ces vivres n'arrivaient à Paris qu'après quinze ou dix-huit jours de route.

A peine avait-il pris place au sein de la Convention, qu'il assista à l'émeute du 1er prairial an III provoquée par l'extrême misère. Il vit le peuple envahir, à plusieurs reprises, la salle des séances, rapporter au bout d'une pique la tête du député Féraud, assassiné à ses abords et le président Boissy d'Anglas faire preuve d'un sang-froid dont un représentant de la Haute-Loire donnera, à cent ans de distance, un semblable exemple [1]. Il assista aussi à la mise en jugement et à la condamnation de deux conventionnels auver-gnats, l'un et l'autre de Riom : Romme et Soubrany. Ces désordres précipitèrent la réaction désirée du plus grand nombre. La Convention se retira le 4 brumaire an IV (26 octobre 1795), cédant la place aux Conseils des Anciens et des Cinq-Cents.

François Bardy ne fit point partie de ces assemblées. Il rentra à Vezezoux sous l'impression des événements qu'il avait vu se dérouler et avec la ferme résolution de se tenir éloigné des affaires publiques. Cependant il accepta pour quelque temps les fonctions de président de l'administration du canton d'Auzon et il fut, dans la suite, maire de sa commune. Il n'était pas d'un caractère militant et la politique, loin de l'exalter, avait produit un effet tout contraire. Cet esprit pacifique ne le mit pas néanmoins à l'abri des dénonciations et des tracasseries si fréquentes à cette époque troublée. Il fut accusé, nous ignorons à quelle date précise, de donner asile à des ennemis de la République. Une troupe armée vint perquisitionner chez lui. En présence de ce déploiement de forces, il sonna la cloche de sa chapelle domestique. Sa nombreuse famille et ses amis accoururent et l'entourèrent. « Voilà, dit-il à ses agresseurs, les ennemis que je cache ! » Il ne fut plus inquiété.

Durant plus de trente années encore, il vécut à Vezezoux, où il mourut le 14 avril 1831, après avoir assisté à l'établissement de l'Empire, au rappel des Bourbons et à la chute de ces deux monarchies. Le trône était alors occupé par le fils de Philippe Egalité dont le supplice avait créé dans la Convention un de ces vides qu'il avait été appelé à combler.

Des dix-neuf enfants nés du mariage de François Bardy et d'Anne Broulière, nous n'avons pu en retrouver que dix-sept :

1º **Jean Bardy,** baptisé le 21 octobre 1765, décédé le 5 octobre 1766.

2º **Marie-Françoise Bardy,** baptisée le 3 octobre 1766, décédée le 23 novembre suivant.

1 Charles Dupuy. Séance du 9 décembre 1893.

3° **Jean Bardy**, baptisé le 6 novembre 1767.

4° **Marguerite Bardy**, baptisée le 9 décembre 1768.

5° **Jean Bardy**, baptisé le 3 février 1770, mort en bas âge.

6° **Pierre Bardy**, baptisé le 27 mars 1771, décédé le 3 décembre 1773.

7° **Catherine Bardy**, baptisée le 2 octobre 1772.

8° **Jean Bardy**, qui suit.

9° **Marie Bardy**, mariée à Jean-Chysostôme Pardinel, dont la postérité est donnée en deuxième lieu.

10° **Gabrielle Bardy**, mariée à Guillaume Roche, de St-Etienne-sur-Usson, dont la descendance vient au troisième rang.

11° **François Bardy** (Broulière), baptisé le 27 mars 1777. Il prit part aux guerres de la première République en qualité d'engagé volontaire et se distingua notamment à la bataille de Zurich ; fut pendant quelques années employé dans l'administration des mines de charbon et vint se retirer à Auzon, chez son frère puîné François Bardy, où il mourut le 1er juin 1860.

12° **Marie Bardy**, mariée à Augustin Masset, dont postérité rapportée en son rang.

13° **Marie Bardy**, mariée à Louis Lagarde, de Jumeaux, dont la postérité forme une famille qui fait l'objet d'un cinquième article.

14° **François Bardy**, marié à Antoinette Doniol. Leur descendance forme un sixième rameau.

15° **Madeleine Bardy**, baptisée le 9 novembre 1782, décédée en bas âge.

16° **Louis Bardy**, baptisé le 27 décembre 1783, mort à l'âge de deux mois.

17° **Marie Bardy**, baptisée le 15 août 1786, décédée le 30 juillet 1812.

VII. Jean BARDY, baptisé le 26 juin 1774, se maria le 19 avril 1792 avec Quintienne Paris, de Pont-du-Château. Il continua le commerce des bateaux dont la prospérité touchait à son apogée et que ses enfants devaient bientôt abandonner pour se livrer à l'exploitation de leurs propriétés. Il mourut à Vezezoux le 8 juillet 1829, laissant trois enfants :

1º **Augustin Bardy**, qui suit.

2º **Guillaume Bardy**, né le 19 janvier 1798. Après avoir coopéré pendant 10 ans à la confection du cadastre, il devint percepteur d'Auzon en résidence à Vezezoux et se maria le 18 janvier 1836 avec Junie Dessaigne, de Mezel, sœur de Gilbert-Antoine Dessaigne, président du tribunal civil de Clermont, député et conseiller général du Puy-de-Dôme, officier de la Légion d'honneur. Il mourut sans postérité le 18 juillet 1850, après avoir testé en faveur de Guillaume Travers, son neveu et filleul. Sa veuve lui survécut encore 35 ans.

3º **Marie Bardy**, née à Vezezoux le 19 janvier 1793, se maria le 31 août 1814 avec Antoine Travers, de Brassac, qui devint l'auxiliaire de son beau-père dans l'industrie des transports. Marie Bardy est décédée le 3 mai 1854, après avoir donné le jour à six enfants :

> *a.* **Amélie Travers**, née en 1815 à Brassac, décédée en 1824.
>
> *b.* **Jean-Antoine Travers**, né en 1818, fut négociant à Nancy où il se maria le 4 février 1849 avec Marie Jeansen. Il est décédé le 21 août 1857, laissant deux enfants :
>
> > *aa.* **Amélie Travers**, née à Nancy le 1er novembre 1849, mariée à Bruxelles le 16 juin 1876 avec Charles Picard, négociant.
> >
> > *bb.* **Henri Travers**, né le 13 août 1856, décédé le 7 septembre 1857.
>
> *c.* **Guillaume Travers**, né le 30 janvier 1820, marié le 3 février 1856 à Marie Galand. Propriétaire à Vezezoux et plusieurs fois élu maire de la commune, il est décédé le 21 décembre 1889. De son mariage étaient issus trois enfants :

1º **Junie Travers,** née le 19 novembre 1857, mariée le 21 juillet 1883 à Antoine Thiolat, décédée le 2 juin 1892, laissant deux enfants :

> **Frédéric Thiolat,** né le 20 août 1885.
>
> **Marie Thiolat,** née le 2 avril 1891.

2º **Jeanne Travers**, née le 4 septembre 1859, décédée le 20 novembre 1876.

3º **Emma Travers,** née le 4 février 1861, mariée le 19 juillet 1887 avec Adrien Dussopt, négociant à Billom, dont deux enfants :

> *a.* **Madeleine Dussopt,** née le 1er juillet 1888.
>
> *b.* **Berthe Dussopt,** née le 21 février 1890.

d. **Augustin Travers,** né le 2 décembre 1824, décédé en bas âge.

e. **Auguste Travers,** né à Brassac le 4 août 1828, négociant à Nancy, marié le 8 décembre 1860 avec Emma Roux, née à Riom le 15 octobre 1828. Sans enfants.

f. **Camille Travers,** né le 15 mai 1830, décédé à Paris en 1869.

VIII. Augustin BARDY, né le 9 thermidor an XIII, marié le 29 novembre 1832 à Marie-Anne Boyer, de Bergonne [1]. Il se consacra à l'administration de la commune de Vezezoux, dont il fut maire pendant de longues années, et mourut le 18 avril 1878, ne laissant qu'une fille qui suit :

---

1 Cette famille paraît être originaire de Chassignole, s'il faut en croire une lièvre du XVe siècle en faveur des luminiers de cette paroisse dans laquelle figurent un grand nombre de Boyer, et que nous avons pu consulter dans les archives de leurs descendants.

IX. Marie-Guillemine BARDY, née à Vezezoux le 24 décembre 1842, mariée le 1er décembre 1858 à Théodore-Guillaume Gladel, percepteur, qui est décédé le 19 septembre 1882. De ce mariage sont issus trois enfants :

> 1º **Léon Gladel,** né à Issoire, décédé à Vezezoux le 2 mars 1870, âgé de 9 ans.
>
> 2º **Auguste Gladel,** né le 2 novembre 1861, lieutenant au 2e régiment d'infanterie.
>
> 3º **Charles Gladel,** qui suit :

X. Charles GLADEL, né le 8 avril 1863, capitaine d'état-major, officier d'ordonnance du gouverneur d'Epinal, marié le 7 octobre 1893 à Jeanne-Lucile-Antoinette Langlois, fille du général Langlois, gouverneur d'Epinal, dont une fille :

> **Marguerite Gladel,** née à Epinal le 1er septembre 1894.

Famille PARDINEL,
issue de François BARDY VI

VII. Marie BARDY, neuvième enfant de François Bardy et d'Anne Broulière, fut baptisée à Vezezoux le 26 juin 1774. Elle se maria le 7 thermidor an VI avec Jean-Chrysostôme Pardinel, notaire à St-Germain-Lembron, fils de défunt Jean-Baptiste et d'Antoinette Achon. La famille Pardinel était originaire du Broc, qu'elle habitait déjà en 1299. Jacques Pardinel, fils de Jean, notaire au Broc en 1510, fonda, le 15 avril 1546, un chapitre collégial dans l'église de cette paroisse, où il fut enterré et où l'on voit encore sa pierre tombale. Il était protonotaire du Saint-Siège, chantre et chanoine de la cathédrale de Rodez, prieur de St-Hippolyte et de St-Germain-de-Cugac en Rouergue [1].

Les Pardinel étaient bourgeois de la ville de St-Germain-Lembron, où, avant d'exercer le notariat, ils ont compté plusieurs générations de chirurgiens jurés.

---

[1] Voir les titres de cette fondation aux manuscrits de la bibliothèque municipale de Clermont-Ferrand, n° 770.

Marie Bardy est décédée le 3 novembre 1835, après avoir donné le jour à trois enfants :

1° **Jeanne-Marie-Madeleine**, dite **Adèle Pardinel**, née le 11 mai 1802, mariée le 1ᵉʳ avril 1823 à Joseph-François-Régis Lafont, négociant au Puy, où elle est décédée le 5 avril 1875, laissant un fils :

> **Jules Lafont**, né le 24 février 1824, marié le 14 avril 1853 à Joséphine Blanc, de Lausanne (Suisse). Il fut maire de la commune de St-Hostien, où il possédait le château de Glavenas, et membre de plusieurs sociétés philanthropiques. Il mourut le 25 avril 1891. De ce mariage était née une fille :

> > **Blanche Lafont**, née le 14 mai 1854, décédée le 28 juillet 1871.

2° **François Pardinel**, né le 21 thermidor an VII, notaire, successeur de son père et adjoint au maire de St-Germain-Lembron, se maria le 14 avril 1830 à Virginie Duclaux. Il fut élu en 1830 lieutenant de la garde nationale de St-Germain-Lembron et, en cette qualité, il eut l'honneur de rendre la route libre au général Nempdes du Poyet, qui se rendait à Brioude dans sa famille et qui, parti de Paris avant le soulèvement révolutionnaire, sans passeport, avait été arrêté par la sentinelle du poste de police.

D'un caractère gai et parfois facétieux, François Pardinel n'en savait pas moins, à l'occasion, rendre d'importants services. C'est ainsi qu'en septembre 1841, lors des troubles motivés à Clermont par le recensement des propriétés bâties, la population de Saint-Germain voulait empêcher plusieurs compagnies du régiment en garnison au Puy d'aller renforcer les troupes qui étaient aux prises avec l'émeute et avait tenté d'empêcher le passage de ce détachement. Il contribua beaucoup, par ses conseils et par son influence, à calmer l'esprit de ses concitoyens et à éviter les graves conséquences qui auraient pu résulter de cette attitude.

Fort adroit aux exercices du corps, François Pardinel était renommé dans toute la région comme un habile pêcheur et un très expert chasseur. Il mourut le 27 octobre 1865, laissant une fille :

Aglaé **Pardinel**, née le 17 janvier 1831, mariée le 14 octobre 1847 à Auguste Vidal, de Brioude, qui mourut laissant deux enfants :

> *a.* **Gaston Vidal**, né le 27 octobre 1851.

> *b.* **Jeanne Vidal**, née le 27 mars 1856, mariée le 4 février 1877 à N... Fabre, contrôleur des droits réunis à Grasse, décédée le 24 janvier 1888. Elle eut deux enfants :

>> *aa.* **Jean-Auguste Fabre**, né le 17 janvier 1878.

>> *bb.* **Marie-Amédée Fabre**, né le 2 avril 1882.

3° **Eugénie Pardinel**, née le 3 avril 1807, mariée le 2 février 1836 à N... Jouvet, de Sauvessange, canton de Viverols, dont une fille :

> **Palmyre Jouvet**, née le 7 mai 1838, mariée le 30 juin 1857 à Louis Brolles, dont huit enfants :

>> 1° **Louis Brolles**, né au Puy le 28 juin 1859.

>> 2° **Alice Brolles**, née le 19 octobre 1860, religieuse à Paris.

>> 3° **Marie Brolles**, née le 2 janvier 1863, mariée le 29 mars 1893 à Léon Quintallet, négociant à Paris.

>> 4° **Antoine Brolles**, né le 18 juin 1865.

>> 5° **Claire**, 6° **Eugénie**, 7° **Henri** et 8° **Eugénie**, décédés en bas âge.

Famille ROCHE,
issue de François BARDY VI

VII. Gabrielle BARDY, dixième enfant de François Bardy et d'Anne Broulière, fut baptisée à Vezezoux le 11 novembre 1775. Elle fut élevée chez les dames religieuses de l'ordre de Fontevrault, à Ste-Florine, où elle fut l'objet de soins tout particuliers en souvenir de sa grand'tante Anne Bardy, religieuse, décédée depuis peu. Bientôt après, elle épousa Guillaume Roche, fils de Blaise et de Marie-Rose Durif. La famille Roche, d'ancienne bourgeoisie, avait été anoblie par une charge de secrétaire du Roy, qu'un de ses membres avait acquise vers la fin du xviiie siècle [1]. Guillaume Roche avait embrassé d'abord la carrière militaire et avait pris part à plusieurs combats lors du siège de Lyon. Il venait d'abandonner le métier des armes, lorsqu'il se maria le 20 pluviôse an v. Gabrielle Bardy quitta Vezezoux pour se fixer à St-Etienne-sur-Usson, où son mari possédait une ancienne propriété de famille.

Dix enfants naquirent de ce mariage, dont deux seulement ont fait souche ainsi que nous le verrons ci-après.

Guillaume Roche consacra toute sa vie à l'administration de sa commune, dont il fut maire pendant 50 ans, et à la gestion de cette propriété à laquelle il tenait parce que ses ancêtres s'y étaient succédés depuis plus de 900 ans. C'est là que lui et son épouse aimaient à réunir, pendant la saison d'été, à l'époque des vacances, leurs enfants, petits-enfants et arrière-petits-enfants, et à faire de leur maison le rendez-vous de toute la famille. Nous avons goûté les joies de ces réunions charmantes et il nous est doux, à l'occasion de ces aïeux vénérés, de faire revivre ces impressions d'enfance dont l'agréable souvenir nous rapproche d'un temps qui n'est plus.

Guillaume Roche mourut le 18 mai 1858, à l'âge de 83 ans. Il était né à St-Amant-Roche-Savine le 17 novembre 1775. Son épouse lui survécut encore plusieurs années. Droite et forte malgré ses 97 ans, d'un esprit toujours vif avec ses spirituelles reparties, tout faisait espérer que nous pourrions fêter son centenaire, bonheur qui nous a été refusé. Mais elle eut la joie, si rarement accordée à une aïeule, de bercer dans ses bras la petite-fille de sa petite-fille, Berthe Lesmaris, dont la fin prématurée devait si tôt plonger les siens dans une inconsolable douleur.

Gabrielle Bardy s'éteignit doucement sans maladie et sans souffrance à St-Etienne-sur-Usson le 25 mai 1872.

Voici les noms de ses dix enfants :

[1] Son oncle, Guillaume Roche des Escures, écuyer, bailli de Boutonargues et Saint Amant-Roche-Savine, était conseiller-secrétaire du Roy à Riom. De son mariage avec Marie Bastier, il eut un fils, Louis-Gilbert Roche des Escures, écuyer, seigneur du Gay, de Clamont, la Rousse, Couteuge et autres lieux, qui épousa Charlotte de Gay de Planhol, fille de noble Louis de Gay de Planhol, chevalier, capitaine de cavalerie, gendarme de la garde du Roy, et de Marie-Catherine de la Roche-Lambert, sa seconde femme.

1° **Marie Roche**, née à Vezezoux le 9 frimaire an vi, décédée à Vezezoux le 2 brumaire an viii.

2° **Marie-Anne**, dite **Sophie Roche**, qui suit.

3° **Anne**, dite **Annette Roche**, née à St-Etienne-sur-Usson le 27 brumaire an x, sœur jumelle de Marie ci-après, se maria le 21 avril 1831 avec son cousin germain Marc-Gabriel-Charles Roche, fils de Charles Roche et de Jeanne Delarbre [1]. Elle est décédée à Billom le 6 février 1867, laissant deux filles :

> *a*. **Irma Roche**, née le 9 mars 1835, mariée le 10 avril 1855 à Bonnet-Guillaume Bonnieux, son cousin germain, dont nous allons parler.

> *b*. **Julie Roche**, née le 25 avril 1837, célibataire.

4° **Marie Roche**, née le 27 brumaire an x, se maria le 12 avril 1822 avec François Verru et mourut le 22 juillet 1883.

5° **Augustine Roche**, née le 5 nivôse an xii, décédée en bas âge.

6° **Jean**, dit **Félix Roche**, né le 7 nivôse an xiv, fut ordonné prêtre au grand séminaire de Clermont-Ferrand. Après quelques années de vicariat, il fut nommé curé de Lamontgie le 1er février 1844.

Lorsque éclata la révolution de 1848, sa famille n'était pas sans quelque inquiétude en le voyant au milieu d'une population où l'on comptait bien des exaltés ; mais sa bonté sans égale, unie à une fermeté et une force peu ordinaires, dont on cite maints exemples, lui concilièrent rapidement les sympathies de tous ses paroissiens. L'harmonie qu'il sut maintenir autour de lui permit la restauration de l'église et la construction d'un nouveau presbytère. L'abbé Roche s'attacha tellement à sa paroisse, qu'il refusa tous les autres postes qui lui furent offerts, bien décidé à terminer ses jours au milieu de ceux auxquels il avait si largement consacré sa vie : il y mourut en effet le 11 novembre 1877 et fut, selon son désir, inhumé dans le cimetière de la paroisse. Les habitants de Lamontgie, en reconnaissance des bienfaits de leur curé, ont élevé sur

---

1 Jeanne Delarbre était la petite-nièce du savant abbé Delarbre, curé de la cathédrale de Clermont, membre de plusieurs sociétés savantes et auteur de travaux scientifiques et historiques sur l'Auvergne, encore très estimés. La généalogie de cette famille a été publiée dans le t. ii de l'*Histoire de la Ville de Clermont-Ferrand*, par A. Tardieu. Ses armoiries sont ainsi décrites : « *D'argent à un arbre de sinople au chef de gueules chargé de trois étoiles d'or.* »

sa tombe un monument dont le prix a été couvert par une souscription.

Le souvenir de l'abbé Roche ne s'éteindra point à Lamontgie, car ce digne prêtre y a laissé une congrégation religieuse de filles, fondée par lui, et dont le but est de donner des soins aux malades et d'instruire les jeunes enfants. Sur sa propre demande, cette congrégation a été légalement reconnue par le gouvernement et elle jouit de tous les privilèges de cette reconnaissance légale. L'œuvre a prospéré depuis la mort de son fondateur, car les religieuses de Lamontgie, qui ont pris le nom de religieuses de Notre-Dame et transporté leur maison-mère à Clermont, comptent maintenant 47 maisons établies dans le Puy-de-Dôme et les départements voisins. Partout ces religieuses réalisent les vœux de leur pieux fondateur, en instruisant la jeunesse et en prodiguant tous leurs soins dévoués à un grand nombre de malades.

7° **Quintienne Roche**, née le 14 février 1808.

8° **Jean-Baptiste Roche**, né le 7 mars 1811, décédé sans postérité à Paris.

9° **Anne**, dite **Virginie Roche**, née le 19 mars 1813, demeura à Lamontgie jusqu'au décès de son frère Félix, qu'elle seconda dans son œuvre de charité pendant toute la durée de son fécond ministère.

10° **Jean-Louis**, dit **Eugène Roche**, né le 7 février 1819, dernier représentant de la famille Roche, dans la postérité masculine. Il habite Saint-Etienne-sur-Usson, et a succédé à son père dans la direction de cette commune, dont il a été maire pendant 35 ans.

VIII. Marie-Anne, dite **Sophie ROCHE**, naquit le 3° jour. complémentaire an VII, et se maria, âgée de 14 ans, avec Jean Bonnieux (12 avril 1814). L'année suivante, naissait son premier enfant.

Femme d'ordre et de caractère, elle sut, malgré son extrême jeunesse, diriger admirablement sa maison, s'attachant à donner à ses enfants l'éducation soignée qu'elle estimait devoir remplacer avantageusement la fortune. Elle mourut au milieu de ses petits-enfants le 25 juillet 1877.

Elle eut deux fils et une fille qui furent :

1º **Bonnet-Guillaume Bonnieux,** qui suit.

2º **Norbert Bonnieux,** décédé en bas âge.

3º **Marie Bonnieux,** mariée à François Astel, et dont l'article viendra après celui de son frère.

IX. Bonnet-Guillaume BONNIEUX, né le 11 juillet 1815, fit ses études au collège de Billom fondé par Monseigneur Duprat, évêque de Clermont, et dirigé par les RR. PP. de la Société de Jésus. Bachelier ès-lettres à 15 ans, il se prépara aux examens de l'Ecole normale supérieure, employant les moments qu'il pouvait dérober aux études sérieuses, à écrire quelques poésies qui lui valurent des lettres élogieuses de Châteaubriand et de Lamartine. Il passa brillamment son examen de licence, pour lequel il fut classé second, et, l'année suivante, il fut admis troisième à l'Ecole normale supérieure. Après un an d'études, il fut jugé capable de suivre les cours de troisième année et, au concours final, en 1840, il obtint la place de premier avec le titre de « chef de division de la section de grammaire. » Il venait de passer en même temps, et avec succès, deux agrégations : celle de grammaire et celle des lettres. Nommé professeur au collège royal de Toulouse et à celui de Metz, puis au collège impérial d'Amiens, il fut envoyé peu après au lycée de Clermont.

Ses hautes qualités de littérateur et de latiniste le firent hautement apprécier. Il venait de soutenir ses deux thèses de doctorat devant la Faculté de Lyon, lorsqu'on lui offrit la chaire de littérature française à l'Université de Strasbourg. Mais il ne put se résoudre à quitter son pays et sa famille, et il s'excusa de ne point accepter. En 1874, il demanda et obtint sa retraite. La mort vint le surprendre le 23 novembre 1880 au milieu de travaux importants qu'il avait entrepris sur les auteurs grecs et latins [1].

Il s'était marié le 10 avril 1855 avec Irma Roche, sa cousine germaine, qui lui donna cinq enfants :

---

1 On a de lui : *Critique des tragédies de Corneille et de Racine, par Voltaire,* thèse française pour le doctorat ès-lettres ; *Expenditur Malbranchii sententia de causis occasionalibus,* thèse latine ; *Du sentiment de la Nature dans les grands Ecrivains français,* conférence faite à la Faculté des lettres de Clermont le 27 mars 1867 ; plusieurs discours prononcés à l'occasion de la distribution des prix dans les lycées où il professa.

1º **Gabrielle Bonnieux,** née le 31 mai 1856, décédée le 2 octobre 1856.

2º **Théodore Bonnieux,** né le 17 août 1857, décédé le 7 octobre 1858.

3º **Théodore-Jules Bonnieux,** né le 15 juillet 1859, décédé le 26 juillet 1892.

4º **Marie Bonnieux,** née le 12 juillet 1861.

5º **Eugène Bonnieux,** né le 12 novembre 1863, décédé en janvier 1864.

IX. Marie BONNIEUX naquit le 2 décembre 1820 et se maria le 18 septembre 1843 avec François Astel, négociant à Clermont, qui fut par excellence homme loyal et bon. Elle-même fut charitable jusqu'à l'excès, et sa générosité proverbiale a laissé un souvenir ineffaçable.

Elle mourut le 3 septembre 1885, laissant trois enfants :

1º **Alfred Astel,** né à Clermont le 8 décembre 1847, marié le 27 mai 1878 avec Eugénie Barrière, de Riom, succéda à son père dans son importante maison de commerce et mourut sans enfants le 2 juillet 1892.

2º **Mathilde-Gabrielle-Léonie Astel,** qui suit.

3º **Guillaume-Henri Astel,** né le 15 juillet 1857, marié le 14 octobre 1893 avec Marie Odend'hal, née à Paris le 14 octobre 1874, et dont la famille est originaire d'Irlande.

X. Mathilde-Gabrielle-Léonie ASTEL, née le 16 mai 1850, mariée le 30 novembre 1869 avec Jean-Louis Lesmaris, né le 17 juillet 1836, ancien président de la chambre des notaires, administrateur des hospices, de la caisse d'épargne et de la Banque de France de Clermont, dont deux enfants :

1º **Berthe Lesmaris,** née le 8 janvier 1871. Pleine de charmantes et de douces qualités, elle fut enlevée, le 7 juillet 1892, à une existence que tout lui promettait belle. Sa mort a été un de ces coups inattendus laissant à une famille une désolation sans fin et à tous les plus sympathiques regrets.

2º **Albert Lesmaris,** né à Clermont le 13 avril 1874. Licencié en droit.

Famille MASSET,
issue de François BARDY VI

VII. Marie BARDY, douzième enfant de François Bardy et
d'Anne Broulière, naquit à Vezezoux le 14 juillet 1778 et fut mariée
le 25 pluviôse an VI, avec Augustin Masset, de Vezezoux, orphelin,
âgé seulement de 17 ans, fils de autre Augustin Masset, et d'Anne
Alluys, de Brioude, en présence de Joseph Brun, officier de santé à
Brioude, oncle maternel dudit Masset, et de Claude Salveton,
notaire à Brioude, cousin de la future. Il renonça à s'occuper, comme
ses auteurs, de l'industrie des transports sur eau et coopéra à la
confection du cadastre dans un grand nombre de communes du département [1]. Devenue veuve le 1er décembre 1834, Marie Bardy vécut
jusqu'à l'âge de 87 ans et après avoir vu six de ses enfants ou petits-
enfants entrer dans les ordres religieux, s'éteignit doucement le
24 février 1864. Son union avait donné naissance à huit enfants :

> 1º **François Masset**, né le 7 ventôse an VII, fit ses études au
> séminaire du Puy, devint, en 1829, professeur de philo-
> sophie au collège de Brioude et reçut les palmes acadé-
> miques ; mais comme le professorat était par trop pénible
> pour lui, il sollicita et obtint la cure de Vezezoux. Là, au
> milieu de sa famille, près de sa mère qu'il adorait, il se
> dévoua tout entier aux intérêts spirituels de ses paroissiens.
> La culture de son esprit, la vivacité de son intelligence et
> son profond savoir attiraient auprès de lui tous ses confrères
> qui venaient fréquemment le visiter. Aux heures de liberté
> que lui laissait son ministère, il aimait à s'occuper du jardin
> de la cure, qu'il avait transformé en une sorte d'école
> d'horticulture, où la jeunesse venait s'instruire et s'édifier.
>
> Il mourut le 15 août 1844, emportant le regret unanime
> de ses paroissiens.

[1] Augustin Masset, originaire de Limon, port important sur la rive gauche de
l'Allier, arrondissement de Thiers, était lui-même fils de François Masset et de
demoiselle Jeanne Lafaye. Il était venu se fixer à Vezezoux, auprès de son oncle
Augustin Lafaye, voiturier du Roy par eau (originaire aussi de Limon), marié en 1755
à Jeanne Jacquetin, veuve de Jean Bardy. Par contrat de mariage reçu Thomas, notaire
royal à Brioude, le 10 octobre 1778, Augustin Masset se maria avec demoiselle Anne
Alluys, fille de Claude Alluys, bourgeois de Brioude, et de dame Anne Thomas, en
présence de Jean-Baptiste Alluys, praticien, frère de la future, et de Jean-Baptiste
Grenier, avocat au Parlement. Dans cet acte, il est institué héritier général et
universel dudit Augustin Lafaye, acquéreur, en 1756, dans la succession de Jean
Feuillant, de Vezezoux, des bâtiments qui devinrent la maison Masset.

2° **Marie-Joséphine Masset**, née le 29 vendémiaire an ix, mariée le 6 mai 1818 à Antoine Lassagne, de Jumeaux[1]. Antoine Lassagne et Marie-Joséphine Masset eurent deux enfants :

> *a.* **Pierre-Camille Lassagne**, né le 22 mars 1819, décédé curé à Orbeil le 13 décembre 1871.
>
> *b.* **Auguste Lassagne**, né le 26 avril 1820. Après avoir fait ses études ecclésiastiques au grand séminaire de Reims, il fut nommé curé de Sillery (Champagne), quitta cette cure pour entrer à l'abbaye des pères Bénédictins de Solesmes, d'où il fut peu après envoyé comme économe à celle de Liguré, près Poitiers, sous le nom de Dom Augustin. C'est là qu'il mourut le 13 juillet 1875.

3° **Marie-Lucie Masset**, née le 29 prairial, an xi, entra au couvent des Dames religieuses de la Visitation de Brioude, où elle mourut le 31 juillet 1830.

4° **François Masset**, qui suit.

5° **Catherine Masset**, née en 1810, décédée le 28 janvier 1840.

6° **Marie-Françoise Masset**, née le 2 novembre 1811. Sa sœur Marie-Joséphine Masset étant morte, elle se consacra à l'éducation de ses neveux, Camille et Auguste Lassagne. Cette tâche accomplie, elle rentra à Vezezoux, où elle donna satisfaction à ses goûts pour l'instruction de la jeunesse, en organisant une classe pour les enfants du village, sous la direction de son frère, curé de la paroisse. Elle obtint enfin l'assentiment de sa mère pour son entrée au couvent de Notre-Dame, à Issoire, où elle est décédée le 4 juin 1885[2].

7° **Marie-Adèle Masset**, mariée à Noël Gasquet, dont l'article viendra en son rang.

8° **Marie-Lucie Masset**, née le 8 juin 1821. Appelée à la vie monastique par le souvenir de sa sœur, elle la remplaça au

---

1 Antoine Lassagne, veuf en premières noces, avait un fils, Pierre, qui embrassa l'état ecclésiastique et entra dans la compagnie de St-Sulpice. Il fut nommé professeur de théologie au grand séminaire de Reims, où il fit venir ses deux frères qui firent leurs études sous sa direction. Il devint ensuite bibliothécaire de St-Sulpice et secrétaire du supérieur, M. Caval.

2 Les Dames Religieuses d'Issoire ont fait publier un petit opuscule sur la vie de cette sainte religieuse.

couvent de la Visitation de Brioude et y mourut le 13 mars 1871 [1].

VIII. François MASSET, né le 20 octobre 1808, se maria à Saint-Just, près Brioude, le 24 septembre 1835, avec Catherine Mazen, issue d'une famille ancienne et bien alliée. Géomètre de première classe du cadastre, auquel il collabora jusqu'à la fin de sa carrière, il remplaça son beau-père comme maire de la commune de Saint-Just, et mourut le 5 mars 1850. Catherine Mazen vécut longtemps encore. Elle s'éteignit à l'âge de 78 ans, le 4 mars 1887, entourée de ses trois enfants auxquels elle a légué, comme un précieux héritage, l'exemple de ses vertus et de l'exquise bonté avec laquelle elle savait répandre autour d'elle consolations et secours. Sa maison demeura, jusqu'à son dernier jour, le rendez-vous aimé de tous les membres de la famille :

1º **François-Léon Masset**, qui suit.

2º **Marie-Marguerite-Constance-Emma Masset**, née le 14 janvier 1839, se maria le 8 février 1857 avec Etienne Coste, docteur en médecine à Lamontgie, auteur de nombreux ouvrages très estimés sur le traitement des maladies et les règles d'hygiène à suivre pour combattre leur développement, sur les hommes illustres de l'Auvergne et les antiquités de ce pays. Emma Masset est décédée à Thiers le 12 février 1890. De son mariage sont issus deux enfants :

    a. **Marguerite Coste**, née le 20 décembre 1858, mariée le 8 septembre 1881 avec François-Durand Amblard, né à Clermont, administrateur de la caisse d'épargne, membre du bureau de bienfaisance et de l'assistance judiciaire de Thiers, dont :

        Roger Amblard, né le 2 octobre 1882.

        Léon Amblard, né le 10 juin 1888.

    b. **Léonie Coste**, née le 16 juin 1860, mariée le 3 avril 1888 avec Louis Livon, professeur au Conservatoire de Marseille, dont

1 La vie de Sœur Lucie a été publiée par le monastère de la Visitation.

Marguerite Livon, née le 14 avril 1890.

Léonie Livon, née le 16 juin 1892.

3° **François Masset**, né le 22 décembre 1847 à Saint-Just, près Brioude, fit ses études au collège de Billom, où sa bonne et franche nature lui fit autant d'amis qu'il compta de camarades. Déjà sa vivacité exubérante aimait à répandre autour de lui et à communiquer aux autres une vie qui débordait. La Providence le préparait ainsi de longue main aux fonctions si difficiles et si importantes qu'il devait remplir auprès des jeunes gens. Ses études théologiques terminées en 1871 au grand séminaire de Montferrand, où il avait contracté la petite vérole dans le service des ambulances, ses supérieurs l'envoyèrent au petit séminaire qu'il ne devait plus quitter. D'abord professeur, puis préfet de discipline de la division des plus grands, qu'il dépassait de toute la tête, il savait gouverner en se faisant aimer ; cet homme si bon pour les petits savait faire respecter aux plus mutins l'autorité et la discipline sans rien perdre de l'affection et de la confiance que le maître doit inspirer.

Dans le cercle intime de l'amitié, sa franche gaieté animait toutes les réunions, et une brusquerie parfois feinte ne l'empêcha pas d'être l'homme aimable par excellence.

M. Masset aimait surtout profondément les siens ; prenant sa large part des joies de la famille, il en célébrait tous les anniversaires avec une religieuse exactitude. Lorsque, terrassé par le mal, il fut obligé de s'aliter, il n'eut qu'une préoccupation, celle de se préparer à mourir ; et, quand la mort est venue le frapper, le 14 mars 1890, elle l'a trouvé consommant son sacrifice dans une dernière prière.

Pour marquer aux maîtres et aux élèves combien il ressentait la perte immense qu'il venait de faire, Monseigneur l'évêque de Clermont a bien voulu venir présider lui-même les vêpres des morts et donner l'absoute dans la chapelle du petit séminaire. En termes émus, il a rappelé le trop court passage de M. Masset dans cette maison, le bien qu'il y avait fait et la dette de reconnaissance qui restait à acquitter. Monseigneur du Puy avait eu bien de la peine à céder son jeune lévite à Monseigneur Féron.

Maintenant la dépouille mortelle de l'abbé Masset repose à St-Just, dans le caveau de sa famille, et la mort ne devait le rendre que trop tôt à son diocèse d'origine où dans ses courtes apparitions il avait su conquérir tant d'amis. (Extrait de la *Semaine Religieuse* de Clermont du samedi 22 mars 1890).

IX. François-Léon MASSET, propriétaire à St-Just, près Brioude, né le 21 septembre 1836, marié le 31 mars 1869 à Marie Place, de Riom, dont trois enfants :

    1° **Jeanne Masset,** qui suit.

    2° **François Masset,** né le 9 mars 1875, décédé le 22 avril 1875.

    3° **François-Durand Masset,** né le 12 novembre 1884, décédé le 12 mai 1885.

X. Jeanne MASSET, née le 6 janvier 1870, mariée le 24 janvier 1893 avec Léon Blanc, notaire et maire de Massiac (Cantal), dont un fils :

    François-Léon Blanc, né le 3 septembre 1894.

VIII. Marie-Adèle MASSET, née le 4 juillet 1816, mariée le 2 décembre 1841 avec Noël Gasquet, de Ste-Florine, dont elle eut deux enfants. Elle mourut à Clermont le 11 mars 1890. Ses enfants furent :

    1° **Philomène Gasquet,** née le 26 mai 1844, mariée le 4 juillet 1864 avec Jacques Cournol, agent voyer à Clermont, décédée le 25 décembre 1869, laissant une fille :

        Camille Cournol, née le 24 mars 1866, mariée le 18 juillet 1888 avec Gaston de La Molinière, notaire à Vic-le-Comte, déjà mentionné comme descendant de la branche aînée. Dont :

            Elisabeth de La Molinière, née le 27 juin 1890.

    2° **Eugène Gasquet,** né le 18 octobre 1849, prêtre économe au petit séminaire de Clermont-Ferrand.

Famille LAGARDE,
issue de François BARDY VI

VII. Marie BARDY, treizième enfant de François Bardy et d'Anne Broulière, fut baptisée à Vezezoux le 23 septembre 1779. Elle se maria le 10 fructidor an IX avec Louis Lagarde, de Jumeaux, qui s'occupait également de transports par eau. Elle est décédée le 24 février 1850, laissant deux enfants :

1° **Laurent Lagarde,** qui suit :

2° **Miette Lagarde,** née le 5 avril 1810, mariée le 24 février 1829 avec Jean Dumet, dont neuf enfants :

> *a.* **Louis** ; *b.* **Céline** ; *c.* **Louis Dumet,** décédés en bas âge.

> *d.* **Jeanne Dumet,** née le 16 août 1834, mariée à Frédéric Ballet, dont deux enfants : Aimé et Jean-Marie Ballet.

> *e.* **Jacques Dumet,** né le 10 février 1832.

> *f.* **Léonie Dumet,** née le 26 août 1837, mariée avec Jacques Osty, dont :

>> **Odilon Osty,** né le 26 novembre 1868, marié le 2 septembre 1893 avec Marie Nicolas, de Manosque (Basses-Alpes).

>> **Marie Osty,** née le 8 décembre 1866, mariée le 17 avril 1885 avec Joseph Aupierre, dont deux enfants : **Marie-Louise** et **Pierre Aupierre.**

> *g.* **Pauline Dumet,** née en 1833, décédée le 11 août 1863.

> *h.* **Louis Dumet,** né le 11 août 1840, marié avec Clémentine Belin.

> *i.* **Louis Dumet.**

VIII. Laurent LAGARDE, né à Jumeaux le 14 juillet 1802, marié en premières noces le 21 août 1821 avec N... Bonfils, dont postérité, et en secondes noces le 3 février 1830, avec Jeanne Gros, dont aussi postérité. Il mourut à Jumeaux le 28 juillet 1883.

1er Lit :

IX. Léonie LAGARDE, née le 31 mai 1822, mariée le 22 juillet 1840 avec Eugène Souligoux, propriétaire à Coudes, où elle est décédée le 28 novembre 1894, ayant eu deux enfants :

> 1º **Léonce Souligoux,** né le 13 septembre 1841, marié le 22 avril 1867 avec Anna Souchier. Docteur en médecine à Vichy, il se mit en 1870 à la disposition du ministre de la guerre et sa conduite dans l'important service des ambulances qui lui fut confié lui valut la croix de chevalier de la Légion d'honneur. Il est mort le 28 juin 1892, laissant deux enfants :
>
> > **Pierre Souligoux,** né le 25 avril 1869, sculpteur à Paris.
> >
> > **Paul Souligoux,** né le 14 janvier 1878.
>
> 2º **Jérôme Souligoux,** né le 30 septembre 1843, décédé le 19 mai 1863.

2e Lit :

IX. Euphrasie LAGARDE, née le 11 novembre 1830, se maria le 21 août 1850 avec Jean-Jacques-Toussaint Bravard, né à Arlanc le 31 octobre 1808.

Après de bonnes études faites aux petits séminaires de Verrières et de Largentière, Bravard se destina à la médecine et il alla suivre les cours de la Faculté de Paris. Son compatriote, Vachier-Degris, et lui ont laissé parmi les étudiants de cette époque une renommée d'adresse et de force dont le souvenir s'est longtemps maintenu au Quartier Latin. Il fut du nombre des jeunes gens qui prirent part au mouvement libéral de 1830 et il se mêla aux événements qui amenèrent la chute de la branche aînée des Bourbons.

Dans le courant de l'année 1838, il vint se fixer à Jumeaux, soignant les malades et oubliant la politique. Mais en février 1848, les membres du gouvernement provisoire, certains de son attachement aux idées républicaines, l'appelèrent aux fonctions de commissaire général, qui répondaient à celles de préfet, dans le département de la Haute-Loire. Il occupa ce poste du 12 mars au 19 juin 1848 et il le quitta à la suite de son élection de représentant du peuple, pour le département du Puy-de-Dôme, à l'Assemblée Constituante. N'ayant pas été réélu membre de la Législative, il revint à Jumeaux dont il était maire depuis le 27 avril 1848 et conseiller général depuis le 3 septembre de la même année. Il remplit ces deux mandats pendant quatre ans et fut révoqué pour avoir refusé de prêter serment à la Constitution du 14 janvier 1852, qu'il envisageait comme devant être l'avant-coureur du pouvoir personnel auquel il fut toujours opposé.

En décembre 1851, son hostilité à la politique du prince président put faire croire un moment qu'il serait compris dans les listes de proscription ; mais la sympathie générale dont il était entouré et les services qu'il rendait en qualité de médecin lui épargnèrent les tristesses de l'exil.

La réputation médicale de Toussaint Bravard s'étendait bien au-delà du canton de Jumeaux. Riches et pauvres venaient le consulter de fort loin et jamais il ne refusa les secours de son art aux déshérités de la fortune. En relations intimes avec François-Vincent Raspail, dont il admirait la théorie scientifique encore contestée, il appliqua sa méthode et obtint de sérieux résultats. En maintes circonstances, il eut à lui demander conseil, tant par lettres que de vive voix ; et lui rendit de fréquentes visites alors qu'il était prisonnier au donjon de Vincennes. C'est au cours de l'une d'elles que l'illustre savant lui remit, à titre de souvenir offert à son meilleur ami, la première épreuve de son portrait.

Pendant les dix-huit années du règne de Napoléon III, Toussaint Bravard se tint éloigné de la politique. Conservant intactes ses convictions républicaines, il espérait toujours la fin du régime impérial. Il désirait le voir remplacer par une république définitive et d'autant plus stable qu'elle profiterait des leçons de ses deux devancières.

Le 4 septembre 1870, son rêve se serait réalisé et sa satisfaction eût été complète, si cette troisième république n'eût pas été le corollaire de l'envahissement de la France par les armées allemandes. Son âme patriotique ne résista pas aux émotions de l'année terrible, et il succomba le 5 juillet 1871 à la maladie qui le minait depuis longtemps.

Tous ceux qui ont connu Toussaint Bravard dans les situations diverses qu'il a occupées, ont conservé de lui le plus excellent souvenir.

Le mariage d'Euphrasie Lagarde avec Toussaint Bravard a donné naissance à deux enfants :

> 1° **Marie Bravard**, née le 22 octobre 1851, mariée le 23 janvier 1875 avec Gustave Sabatier, décédée le 19 mars 1876.
>
> 2° **Vincent Bravard**, né le 24 janvier 1853, marié le 25 avril 1881 avec Jeanne de Sarran, inspecteur des chemins de fer P.-L.-M. à Clermont-Ferrand.

Famille BARDY-DONIOL, issue de François BARDY VI

VII. François BARDY, quatorzième enfant né de François Bardy et d'Anne Broulière, fut baptisé à Vezezoux le 21 août 1781. Il collabora au cadastre dans la Haute-Loire comme géomètre de 1re classe et remplaça son père à la mairie de Vezezoux. Quelque temps après, le 18 avril 1821, il fut nommé notaire à Auzon ; le 24 du même mois, il épousa Antoinette Doniol[1] fille de feu Jean-Henri Doniol, notaire, et de Françoise Jurie. C'était un mariage d'inclination, et cette heureuse union ne fut que trop tôt rompue par le décès d'Antoinette Doniol, qui mourut en donnant le jour à son fils Eugène. François Bardy fut maire d'Auzon du 17 septembre 1830 à février 1848. Son esprit enjoué, l'amabilité qui était le fond de son caractère, lui concilièrent rapidement toutes les sympathies de son entourage, et il devint l'arbitre gracieux et incontesté de tous les environs. Il mourut le 4 juin 1861, laissant un fils qui suit :

VIII. François, dit **Eugène BARDY,** né le 28 août 1823. Avocat, il prit en 1850 l'étude de son père, mais ne conserva cette charge que jusqu'en mai 1853, et se maria le 7 novembre 1854 avec Zélie Miet, fille d'Alexandre Miet, examinateur pour l'Ecole

---

[1] Le fils de son frère, Henri Doniol, dernier représentant des Doniol d'Auzon, était, récemment encore, directeur de l'Imprimerie Nationale.

navale, officier de la Légion d'honneur, et de Joséphine de Monet de Lamarck. Le contre amiral Miet, son frère, est aujourd'hui conseiller d'État et officier de la Légion d'honneur. Nommé maire d'Auzon en 1848, et en 1858 membre du conseil général, Eugène Bardy devint, en 1864, secrétaire général de la préfecture du département de la Creuse, ensuite de celui de la Haute-Loire, puis sous-préfet de Sisteron et d'Espaillon jusqu'en 1870. A ce moment, il revint à Auzon où, pour ne pas rester inactif, il introduisit la culture industrielle de la menthe et de l'absinthe. Sa santé l'obligea de suspendre ces travaux. Il est décédé le 8 octobre 1880, laissant deux filles :

> 1° **Emma Bardy**, née le 28 février 1856.
>
> 2° **Gabrielle Bardy**, née le 8 octobre 1859, mariée le 15 mai 1884 avec Maurice Grelou, de Paris, fils de Henri Grelou, juge au tribunal de commerce de la Seine, membre de la chambre de commerce de Paris, vice-président de la société des voyageurs de commerce.

Famille BARDY-BERTY,
issue de Jean BARDY V

VI. Jean BARDY, dixième enfant de Jean Bardy et Jeanne Jacquetin, fut baptisé à Vezezoux le 19 octobre 1748. Son parrain fut Jean Chevans, maître chirurgien à Lamontgie, son oncle ; sa marraine Jeanne-Marie Jacquetin, femme de M. Jean Saturnin, notaire royal. Il fit ses études avec son frère François, et après avoir passé trois ans comme clerc chez M. Drivon, procureur ès cour de Riom, il devint procureur à Brioude, où il se maria le 1er août 1775 avec Jeanne Berty. Furent présents au mariage : François Bardy, bourgeois de Vezezoux, frère de l'époux ; Jean Saturnin, d'Auzon ; Antoine Jurie, contrôleur des actes à Auzon ; Jean Berty jeune ; Pierre Caillé, de Brioude, et Julien Dejax, avocat en parlement. Après avoir vendu sa charge, il se retira à Vezezoux où il mourut le 3 brumaire an XIII, laissant trois enfants :

> 1° **Catherine,** 2° **Marie,** 3° **Julien Bardy,** dont la postérité est rapportée ci-après :

VII. Catherine BARDY, baptisée le 21 décembre 1779, se maria avec Jean-François Le Blanc de Mons, né à Viverols le 7 novembre 1768, fils de Jean-Baptiste Le Blanc de Mons et de Françoise-Marie Martinon, de Brioude, où ils résidaient [1].

Elle mourut à Brioude le 28 février 1856, ayant eu deux enfants. Son mari était décédé le 27 mars 1844.

> 1º **Pierre-Georges Le Blanc de Mons,** né le 11 vendémiaire an XIV, décédé avant sa majorité.
>
> 2º **Lucie Le Blanc de Mons,** née le 25 janvier 1813, mariée le 8 août 1832 avec Victor-François Langlade, avoué au Puy, où elle est décédée le 22 novembre 1836, laissant un fils :
>
> > **Oscar Langlade,** né au Puy en 1834, marié à Paris, où il est décédé le 10 août 1887, laissant deux enfants : **Lucie** et **Georges Langlade.**

VII. Marie BARDY, baptisée le 10 août 1781, mariée avec Jacques Vernière, vérificateur des poids et mesures à Brioude, mourut le 6 octobre 1861, ayant eu plusieurs enfants :

> 1º **Virginie Vernière,** née le 3 novembre 1807, décédée en bas âge.
>
> 2º **Adrien Vernière,** né le 1er mai 1810, prêtre, décédé à Villers-St-Georges (Seine-et-Marne) en novembre 1871.
>
> 3º **Pierre Vernière,** né le 25 avril 1812, décédé sans postérité.
>
> 4º **Constance-Palmyre-Clorinde Vernière,** née le 18 août 1818, décédée le 28 août suivant.
>
> 5º **Anne-Nathalie Vernière,** qui suit :

VIII. Anne-Nathalie VERNIÈRE, née le 5 août 1819, se maria le 24 juillet 1837 avec Michel-Bertin-Antoine Burin du Buisson, fils de Marie-Joseph Burin du Buisson et de Légère-Antoinette Bleton, né le 22 juillet 1814. Il devint acquéreur de la plus importante pharmacie de Lyon et y joignit une fabrique de

---

1 Jean-François Le Blanc était le grand-oncle de M. Paul Le Blanc, à l'obligeance de qui nous devons nombre de renseignements consignés au cours de cette généalogie.

spécialités pharmaceutiques [1]. Il se retira à Paris où il mourut le 9 mai 1867.

« Lachesnaye des Bois dit cette famille originaire de Paris, et, trente ans plus tard, Varoquier de Combles (tome IV, page 157) place son berceau au château de Burin, en Auvergne. Ce dernier pourrait bien avoir raison, du moins en partie, car le nom de Burin est très répandu dans notre province [2]. »

D'autre part, nous voyons, « le 6 octobre 1739, Marguerite de Chiliaguet mariée à noble Michel Burin, seigneur du Buisson, habitant au château du Buisson, paroisse de St-Pardoux [3] » (canton de Latour).

Les armoiries de la famille Burin (Auvergne) sont : « *Ecartelées du 1er au 4e, d'azur à 3 étoiles d'or, qui est de Burin ; au 2e et au 3e, de gueules à la tour d'argent crénelée et maçonnée de sable, avec un loup rampant à la porte, qui est de La Tour d'Aubière.* »

Cette union donna naissance à trois enfants :

1o **Marie Burin du Buisson**, née le 16 mai 1839, décédée en mai 1842.

2o **Jean-Léon Burin du Buisson**, née le 10 décembre 1842, décédé le 15 novembre 1843.

3o **Annette-Alice Burin du Buisson**, qui suit :

IX. Annette-Alice BURIN du BUISSON, née à Clermont-Ferrand le 21 février 1841, mariée le 15 mai 1861 avec Victor-Martin Colonieu, général de division, grand-officier de la Légion d'honneur et commandeur du Nicham Iftickar.

Trois enfants sont nés de ce mariage :

---

1 Il publia sur ce sujet : 1o *Mémoire sur l'existence du manganèse dans le sang humain et produits pharmaceutiques à base de fer et de manganèse.* 1852.
2o *Etude sur l'action chimique du perchlorure de fer, etc.* 1853.
3o *Nouvelles considérations sur le perchlorure de fer, etc.* 1853.
4o *Nouvelles considérations sur la présence du manganèse dans le sang.* 1854.
5o *Notice sur l'emploi du perchlorure de fer liquide, etc.* 1859.
6o *Traité de l'action thérapeutique du perchlorure de fer,* 1860, par A.-M.-B. Burin du Buisson, pharmacien de 1re classe, membre de la Société d'émulation et de prévoyance des Pharmaciens de l'Est, de la Société des Pharmaciens de Lyon, membre correspondant des Sociétés médicales de La Rochelle, de Nîmes, etc. Ces ouvrages furent très appréciés; mais, malgré des connaissances si étendues en chimie, leur auteur ne put donner aux produits de sa fabrique l'importance qu'ils ont acquise depuis.

2 J.-B. BOUILLET : *Nobiliaire d'Auvergne.*

3 Cabinet de M. Paul Le Blanc, de Brioude.

1º **Georges Colonieu**, avoué plaidant à Mostaganem (Algérie), né à Nemours le 5 août 1862, marié le 20 novembre 1889 avec Nelly Droz.

2º **Marie-Blanche-Léonie Colonieu**, née à Gériville (Oran) le 13 septembre 1868, mariée le 5 janvier 1889 avec Georges Duthier, receveur des domaines à Mostaganem.

3º **Maurice Colonieu**, né le 10 avril 1875 à Mostaganem, y demeurant.

VII. Julien BARDY, troisième enfant de Jean Bardy et Jeanne Berty, baptisé à Brioude le 11 novembre 1788, marié le 24 septembre 1817 avec Madeleine Laporte, âgée de 20 ans, décédé à Brioude le 18 mai 1866. Il avait été père de trois enfants :

1º **Gabrielle-Anastasie Bardy**, née le 28 août 1818, mariée le 23 septembre 1840 avec Guillaume Boyer, entrepreneur de messageries à Clermont-Ferrand, dont deux enfants :

    a. Léon Boyer, né le 18 juillet 1841, marié le 31 juillet 1878 avec Marie Delaigue, vérificateur des poids et mesures à Clermont-Ferrand, père de trois enfants :

        aa. **Guillaume Boyer**, né le 13| décembre 1879.

        bb. **Jeanne Boyer**, née le 7 février 1882.

        cc. **Amélie Boyer**, née le 10 août 1883, décédée le 3 juillet 1887.

    b. **Aimé Boyer**, marié à Marie Ballof, d'Alger, y résidant, dont deux enfants : **Henriette** et **Léontine Boyer**.

2º **François Bardy**, né le 28 novembre 1819, décédé le 31 août 1820.

3º **Louis Bardy**, né le 20 avril 1821, décédé à Paris.

Famille VACHIER,
issue de Jean BARDY V

VI. Marguerite BARDY, treizième enfant de Jean Bardy, bourgeois de Vezezoux, et de demoiselle Jeanne Jacquetin, fut baptisée le 12 octobre 1752. Elle se maria le 9 mai 1769 avec Mary Vachier, « administrateur de La Chaise-Dieu. » Le mariage fut célébré à Vezezoux en présence de Mre Cibaud, vicaire de Sauxillanges; Mre François Bardy; Mre Jacques Bardy; Mre Vachier, curé d'Azerat ; Mre Bardy, chanoine, et Mre Gazard, curé, etc. Cette union donna naissance à dix enfants :

1° **Marie-Anne Vachier**, baptisée à La Chaise-Dieu le 18 octobre 1770.

2° **Jean-Marie Vachier**, baptisé le 17 mars 1772. Son parrain a été Mre Jean Vachier, curé d'Azerat, oncle ; sa marraine demoiselle Jeanne Jacquetin, veuve de Mre Jean Bardy, ayeule. Il se maria le 23 pluviôse an XIII avec Marguerite-Victoire Thorillon, qui lui donna une fille :

> Madeleine-Sophie Vachier, née le 18 mars 1807, se maria le 25 juillet 1839 avec Jean-Michel Pouzol et mourut le 10 mai 1880, ayant vu mourir avant elle ses deux enfants : **Jean-Marie** et **Francisque Pouzol**.

3° **Marie-Barbe Vachier**, mariée à Vital Portal, qui suit.

4° **Gabrielle Vachier**, baptisée le 8 octobre 1775, mariée le 25 juillet 1810 avec Jean-Baptiste Fayolle, de Craponne, décédée sans postérité.

5° **Marie-Anne Vachier**, née le 7 mars 1778, mariée le 25 prairial an VI à Guillaume Coudert, d'Allègre. Elle eut deux enfants :

> *a.* **Mary Coudert**, qui fut géomètre attaché au cadastre à Lille et à Dunkerque, et dont la postérité nous est inconnue.

> *b.* **Marie-Barbe-Octavie Coudert**, née en 1800, mariée en 1819 avec Jean Gueffier, de Brioude, décédée le 27 novembre 1887, dont un fils :

>> Antonin Gueffier, qui fut marié à Octavie Dujardin, dont postérité.

6° **Jean-Marie Vachier**, avocat, baptisé le 15 novembre 1779. « Son parrain a été Jean Vachier, curé d'Azerat ; sa marraine demoiselle Anne Broulière, épouse de M. François

Bardy, bourgeois de Vezezoux. » Il vint se fixer à Vezezoux se maria avec Euphrasie Nicolas, de Brioude, et il mourut à Vezezoux le 1er septembre 1850.

7° **Pierre Vachier**, baptisé le 13 mai 1781, géomètre attaché au cadastre à Lille (Nord). Il se maria le 29 juin 1812 avec Marie Pernot, fille du directeur des contributions directes au Puy, et a laissé deux enfants dont nous ignorons la destinée.

8°, 9° et 10° **Marguerite, François** et **Jeanne-Marie-Barbe Vachier**, décédés sans postérité.

VII. Marie-Barbe VACHIER, baptisée à La Chaise Dieu le 14 mai 1774, eut pour parrain son oncle Jacques Bardy, de Sauxillanges. Elle se maria le 27 prairial an IX avec Vital Portal, et mourut le 20 août 1834, après avoir donné le jour à six enfants :

1° **Marguerite Portal**, née le 7 frimaire an XII, mariée le 9 février 1844 avec Martin Sabatier, de Paulhaguet, où elle est décédée sans postérité le 16 mars 1881.

2° **Georges Portal**, né le 16 avril 1805, marié le 18 janvier 1835 avec Antoinette-Eugénie-Rosine Giron, du Puy, où il habite sans enfants.

3° **Jean-Jeanny Portal**, né le 15 mai 1807, marié le 2 mai 1836 avec Andrée-Zélina Roche ; décédé le 8 août 1850, laissant quatre enfants ; nous n'en connaissons qu'un seul.

> **Hyacinte-Vital-Emile Portal**, né à La Chaise-Dieu le 20 octobre 1838, marié le 19 janvier 1870 à Angélique-Françoise, dite Léonie Vasset, chef de comptabilité des chemins de fer à voie étroite de la Loire, à Saint-Etienne, dont deux enfants : **Emile-Lucien-Johannès** et **Zélina-Vitaline-Lucienne Portal.**

4° **Marie Portal**, qui suit.

5° **Jules Portal**, décédé en bas âge.

6° **Jeanne-Marie Portal**, née le 25 février 1815, Assistante générale en la communauté des Religieuses de l'Instruction, à la maison mère, au Puy.

VIII. Marie PORTAL, née le 24 août 1810, marié le 16 novembre 1825 avec Michel Bravard, de La Chaise-Dieu, décédée le 8 janvier 1882, dont deux enfants :

1° **Georgette Bravard**, née le 4 avril 1831, mariée le 3 février 1858 avec Joseph Couchard, d'Ambert, décédée sans enfants le 8 juillet 1864.

2° **Vital-Marie-Agricol Bravard**, né le 16 août 1827, capitaine en retraite, chevalier de la Légion d'honneur, commandant d'étape, à La Chaise-Dieu, marié le 7 février 1874 avec Victoire-Sophie Milascaut.

Famille CHEVANS, issue de Sébastien BARDY IV

V. Marie BARDY, quatorzième enfant de Sébastien Bardy et de Marguerite Lacombe, de Chambaud, paroisse de Vezezoux, née en 1720, épousa le 10 octobre 1747, Jean Chevans, maître chirurgien à Lamontgie, fils de Joseph Chevans, aussi chirurgien audit lieu, où il décéda le 23 avril 1767, âgé de 60 ans.

Jean Chevans, après avoir prodigué les soins de son art à ses concitoyens qui le vénéraient, mourut le 9 mars 1791, âgé de 72 ans. Marie Bardy, morte le 9 frimaire an XI, avait donné le jour à six enfants, qui ont formé la famille ci-après :

1° **Jeanne Chevans**, baptisée le 22 août 1748 en l'église de Malhiat, par Joseph Chevans, prêtre, docteur en théologie. Son parrain fut Me Joseph-Bertrand Chevans, chirurgien ; sa marraine, demoiselle Jeanne Jacquetin, épouse de Me Jean Bardy, sa tante. Elle se maria le 16 janvier 1769, à M. Antoine Giron, marchand, de Sauxillanges. Nous ignorons sa postérité.

2° **Jean Chevans**, baptisé le 14 janvier 1751, décédé le 15 août 1766.

3° **Noël-Antoine Chevans**, baptisé le 23 octobre 1755 ; son parrain fut Noël-Antoine Chevans, procureur d'office à Lamontgie. Après des études théologiques fort complètes, il fut ordonné prêtre, remplit les fonctions de vicaire dans diverses paroisses et fut curé de Jumeaux, puis de Boudes. Il est décédé à Lamontgie le 15 novembre 1827.

4° **François Chevans**, qui suit.

5° **Jeanne Chevans**, née le 17 juillet 1761, décédée sans postérité.

6° **Suzanne Chevans**, baptisée en l'église de Malhiat le 8 avril 1764, fut mariée à M. Fournier, d'Issoire. Sans postérité.

VI. François CHEVANS, baptisé le 18 mai 1758, eut pour parrain François Deltour, procureur d'office de St-Martin, notaire et lieutenant au bailliage de Lamontgie ; pour marraine, Gabrielle Chevans, femme de Julien Rogier, chirurgien juré de Lempdes. Il suivit la carrière de ses ancêtres et s'établit à Lamontgie avec le titre de maître chirurgien. Marié en 1784 avec Marguerite-Catherine Raynard, il mourut le 12 novembre 1827, ayant eu huit enfants :

1° **Jean Chevans**, baptisé le 5 avril 1785, qui fut médecin à Lamontgie, où il est décédé célibataire.

2° et 3° **Antoine** et **Jean-Baptiste Chevans**, décédés en bas âge.

4° **Marguerite Chevans**, dite **Eugénie**, fut baptisée le 29 septembre 1790, tenue sur les fonts baptismaux par Me Julien Seguy, de Jumeaux, et Marguerite Chevans. Mariée le 24 février 1813 à **Antoine Chevant**, de Flageac (commune de Saint-Féréol-de-Cohade), veuf en premières noces de Lucie Rongier, fille de Rongier, député à la Convention nationale, elle mourut à Flageac le 19 juin 1832, après avoir donné le jour à quatre enfants qui sont :

A. **François-Gustave Chevant**, né le 28 novembre 1814, marié le 22 janvier 1845 avec Marie-Antoinette Lafont, de Massiac, née le 10 septembre 1823. Assistaient au mariage, Joseph-Barthélemy Trioullier, notaire à Ardes, âgé de 51 ans, oncle du futur, et Michel Burin des Roziers, beau-frère de la future.

François-Gustave Chevant, avocat, remplit pendant toute la durée de l'Empire, les fonctions de maire de la commune de Saint-Féréol-de-Cohade. Il fut décoré de la Légion d'honneur

en 1868, tant pour sa belle conduite dans les
diverses inondations de la rivière d'Allier, que
pour les travaux de défense de la plainé dus à
son initiative et pour sa longue carrière adminis-
trative qui, commencée en 1848, finit en 1877.
Il mourut le 9 juillet 1891. De ce mariage sont
issus cinq enfants :

> *a.* **Marie-Jeanne Chevant**, née le 9 janvier
> 1846, décédée le 16 juillet suivant.

> *b.* **Marie-Françoise-Eugénie Chevant**, née
> le 15 mars 1847, mariée le 8 septem-
> bre 1868 avec Louis-Charles-Edouard
> Rénier, receveur des finances à Issoire,
> chevalier de la Légion d'honneur. De
> cette union, deux enfants :

>> *aa.* **Léon Rénier**, né le 4 avril
>> 1871.

>> *bb.* **Louise Rénier**, née le 19 juil-
>> let 1876.

> *c.* **Guillaume - Antoine - Auguste - Georges
> Chevant**, né le 14 août 1849, capitaine
> d'infanterie à Pau, marié le 1er janvier
> 1890 avec Madeleine-Thérèse Pey-
> dière, de Clermont-Ferrand.

> *d.* **Jeanne Chevant**, née le 9 février 1851,
> mariée le 22 avril 1873 à Vincent
> Boyoud, de Brioude, dont deux
> enfants :

>> *aa.* **Jean-François-Emile Boyoud**,
>> né à Brioude le 11 février
>> 1874.

>> *bb.* **Jeanne - Léonie - Marie - Anne
>> Boyoud**, née le 20 dé-
>> cembre 1875.

> *e.* **Joseph-Antoine-Lucien Chevant**, né le
> 20 octobre 1858, notaire à Brioude,
> marié le 2 septembre 1885 à Jeanne-

Elisabeth-Marie Coupe ; a remplacé Mᵉ Charles Coupe, son beau-père, nommé notaire honoraire. Quatre enfants sont nés de cette union :

> *aa.* **Jean-Gustave Chevant**, né 27 septembre 1886.
>
> *bb.* **Marie-Charles Chevant**, né le 9 avril 1888.
>
> *cc.* **Georges-Henri Chevant**, né 12 mai 1889, décédé le 9 décembre de la même année.
>
> *dd.* **Antoine-Louis Chevant**, né le 10 janvier 1893.

B. **Catherine Chevant**, née le 23 mai 1815, décédée en bas âge.

C. **Jeanne Chevant**, née le 22 avril 1817, épousa le 8 septembre 1839 Nicolas Roux, négociant à Clermont, et en eut deux enfants :

> *a.* **Edmond Roux**, marié à Blanche Méry-Picard. Elève de l'Ecole centrale, il est actuellement ingénieur civil à Lyon. Ses deux enfants sont :
>
>> **Marguerite** et **Marcel Roux**, nés à Paris.
>
> *b.* **François-Michel Roux**, né à Clermont le 10 mai 1842, inspecteur d'assurances à Paris.

D. **Suzanne-Lucie Chevant**, née le 11 janvier 1823, mariée le 10 mai 1844 avec Jean-Auguste Rongier, avoué à Brioude, qui mourut laissant deux enfants :

> *a.* **Edouard Rongier**, né le 27 mars 1845, inspecteur des chemins de fer de l'Est en résidence à Charleville, marié avec Marie Hablot, de Sedan.

    b. **Elisabeth Rongier**, née le 17 juin 1847, mariée à Oscar de Bercegol du Moulin, percepteur à Cluis (Indre), dont une fille :

        aa. **Yvonne de Bercegol du Moulin**, née à Saint-Paulien (Haute-Loire) le 30 septembre 1871.

5° **Jean Chevans**, né à Lamontgie le 7 octobre 1791, décédé sans postérité.

6° **Suzanne-Lucie Chevans**, née en 1794, fut mariée le 8 décembre 1813 à Julien Bardy, de Jumeaux, fils de Julien et de Marguerite Seguy. De ce mariage, sont issus quatre enfants :

    A. **Adrien Bardy**, qui mourut avant sa majorité.

    B. **Constance Bardy**, née à Jumeaux, épousa Jules Thomas, dont elle eut deux enfants. Elle est décédée le 28 août 1891.

        a. **Amédée Thomas**, né le 13 mars 1839, célibataire, inspecteur des chemins de fer à Armentières.

        b. **Claire Thomas**, née le 26 juin 1843, mariée le 28 février 1869 à Henri Thorin, négociant à Paris, dont deux enfants :

            aa. **Théodore Thorin**, né le 6 décembre 1869, négociant à Paris.

            bb. **Marcel Thorin**, né le 29 février 1872, aussi négociant à Paris.

    C. **Julie Bardy**, née le 24 octobre 1817, devint, le 26 février 1840, épouse de Claude Lamy, percepteur à Montferrand, où elle est décédée le 1er mai 1886, laissant deux enfants :

        a. **Adhémar Lamy**, né le 7 février 1841,

inspecteur des forêts à Clermont-Ferrand.

b. **Valérie Lamy**, née le 20 août 1842 et mariée le 7 mai 1864 avec Anatole Perret, de Clermont-Ferrand, qui est décédé laissant une fille :

> **Julie Perret**, née le 27 avril 1865.

D. **Jeanne Bardy**, née le 14 août 1821, décédée le 14 septembre suivant.

7° **Jeanne Chevans**, née en 1798, mariée le 19 avril 1828 avec Joseph-Barthélemy (Romarin) Trioullier, né le 21 juin 1794, notaire à Ardes-sur-Couze, fils de Joseph-Barthélemy Trioullier et de Jeanne-Marie Cossé. Cette famille avait fait enregistrer ses armoiries dans l'*Armorial général* de d'Hozier, où elles sont ainsi décrites : « *D'or à 3 citrouilles de sinople, 2 et 1*[1]. »

Jeanne Chevans est décédée en 1873, après avoir donné le jour à deux enfants :

a. **Joseph-Barthélemy-Hippolyte Trioullier**, né le 2 avril 1830, qui succéda à son père comme notaire, fut marié le 27 juillet 1866 avec Joséphine Laroche. Il est décédé le 8 janvier 1885, laissant un fils :

> **Fernand Trioullier**, né le 22 mai 1869, propriétaire à Couzances.

b. **Paméla Trioullier**, née le 15 mars 1834, mariée le 2 août 1856 à Jules Fournier, fils de Mathieu Fournier et de Adèle Dorlhac, habite Blanzat. Dont deux enfants :

aa. **Thérèse Fournier**, décédée sans alliance.

bb. **Hippolyte Fournier**, né le 30 juillet 1859, docteur en médecine à Clermont-Ferrand, marié le 22 octobre 1888 avec Marguerite Laville.

---

[1] D'Hozier : *Armorial général* (Auvergne), page 426, n° 570. *N... Trioullier, greffier des rôles des tailles de la ville d'Ardes.*

8º **Guillaume-Austremoine-Auguste** Chevans, né le 2 mai 1801, marié le 17 février 1830, à Marie Planche. Il voulut, en se fixant comme médecin à Lamontgie, continuer à exercer la profession de plusieurs générations d'ancêtres. Il mourut le 2 octobre 1849, laissant trois enfants :

> A. **Catherine**, dite **Clémence** Chevans, née le 3 mars 1832, mariée le 3 février 1851 avec Jacques Chomette, notaire à Lamontgie, où elle est décédée le 23 janvier 1893, ayant donné le jour à :
>
> > **Marie Chomette**, née le 24 août 1852, mariée le 19 septembre 1876 avec Adolphe Vachier-Degris, fils de Achille Vachier-Degris, percepteur, et de Amélie Duport ; procureur de la République à Ambert, dont une fille :
> >
> > > **Antoinette Vachier-Degris**, née le 17 novembre 1878.
>
> B. **Antoinette** Chevans, née le 28 février 1840, mariée le 27 mai 1867 avec Adolphe Lancelot, ingénieur civil à Bourges. De ce mariage sont issus deux enfants :
>
> > 1º **Isabelle Lancelot**, née le 8 juillet 1868, décédée le 17 mai 1893.
> >
> > 2º **Robert Lancelot**, né le 20 avril 1875.
>
> C. **Antoine** Chevans, né le 22 janvier 1848, notaire à Billom, s'est marié avec Marie Delair le 4 septembre 1882, dont deux enfants :
>
> > 1º **Henri Chevans**, né à Billom le 29 août 1883.
> >
> > 2º **Marguerite Chevans**, née le 31 janvier 1885.

APPENDICE

APPENDICE

Les nombreuses alliances et les constants rapports d'amitié établis depuis de longues années entre la famille Bardy, la famille Broulière et leurs descendants ont éveillé la curiosité de plusieurs de leurs membres. Ils se sont demandé quels liens de parenté existaient entr'elles et jusqu'où remontait ce courant de sympathiques rapprochements.

Nous avons eu un agréab'e intérêt à connaître, à grouper les divers renseignements recueillis au cours de nos recherches personnelles. Nous allons les donner d'une manière concise, mais toutefois suffisamment complètes. Sans doute nos amis actuels accueilleront, avec les mêmes sentiments que nous éprouvons nous-même, ces souvenirs rappelés d'ancêtres disparus.

L'auteur commun des diverses familles dont nous allons nous allons nous occuper fut :

Pierre BROULIÈRE, de Brassaget. De son mariage avec Madeleine Vernière, décédée le 11 août 1764, il eut neuf enfants parmi lesquels nous citerons les cinq qui ont fait souche :

1º **Anne Broulière**, née vers 1730, mariée le 17 février 1753 avec Julien Brugier, de Brassac, fils de François Brugier et Isabeau Bardy, dont la postérité est ci-devant mentionnée. Il mourut le 26 août 1763, ayant eu de 1754 à 1761 sept enfants, dont plusieurs ont laissé des descendants, entre autres :

> **Pierre Brugier**, né le 29 mars 1760, marié le 9 pluviòse an III avec Marie Touvet.

2º **Marie-Françoise Broulière**, née vers 1735, mariée le 25 octobre 1756 à Pierre Vernière, de Brassaget, avec dispense du troisième au troisième degré de consanguinité. Parmi ses neuf enfants nés de 1759 à 1771, nous citerons :

A. **Louis Vernière**, né en 1759, marié à Marie Chalembel, de St-Germain-Lembron, qui donna le jour à :

> **Antoine Vernière**, né en 1796, marié à N... Brès, d'Issoire. Fut maire de cette ville et conseiller général, docteur en médecine, inspecteur des eaux thermales du Mont-Dore. Décédé à Issoire en 1887, laissant un fils :
>
>> **Elie Vernière**, marié à Louise Reynaud, du Puy, décédé en 1884, juge au tribunal de Cusset. De son mariage une fille :
>>
>>> **Marguerite Vernière**, née en 1865, mariée à Léonce Tézenas, d'Issoire, dont quatre enfants :
>>>
>>>> **Henri, Amédée, Louis et Suzanne**.

B. **Anne Vernière**, née le 25 mai 1761, mariée le 10 juin 1788 avec Jean Roullion, de Pont-du-Château, dont elle eut un fils :

> **Antoine Roullion**, né le 28 mars 1789, marié le 25 février 1817 à N... Marie, de Riom. Il est décédé, à Paris, juge de paix de l'ancien neuvième arrondissement. Ses deux enfants furent :
>
>> 1º **Jean-Maurice Roullion**, né le 10 août 1818, marié à N... Maigne, de Clermont, mort en 1887, conseiller à la cour de Paris, laissant une fille :
>>
>>> **Juliette Roullion**, mariée au docteur Léon Bertrand, habitant Paris, médecin consultant à La Bourboule, dont une fille.
>>
>> 2º **Anne-Marie-Justine Roullion**, née le 6 mai 1819, mariée à Jean-François-Amable Couguet, avoué près la cour de Riom. De cette union, une fille :
>>
>>> **Anne-Antoinette-Marguerite Couguet**, née le 6 avril 1846, mariée à N... Lauras, pharmacien à Paris, dont un fils.

C. **Antoine Vernière**, né le 3 octobre 1770, marié en 1790 à N... Roux, de St-Germain-Lembron, qui lui donna un fils :

> **Louis Vernière**, né en 1796, marié en 1820 avec Elisabeth-Clarisse Amariton de Beauregard, dont deux enfants :
>
> > 1º **Jules Vernière**, né en 1822, marié à Clarisse Malos. De cette union, une fille :
> >
> > > **Amélie Vernière**, née en 1847, mariée à Antoine Dessaigne, propriétaire au château du Léobard, dont :
> > >
> > > > **Alice Dessaigne**, née en 1869, mariée en 1890 à Félix Tézenas, d'Issoire, dont **Henriette** et **Georges**.
> >
> > 2º **Antoine-Charles-Léon Vernière**, né en 1825, marié avec Alice Bravard, propriétaire à Longat, près St-Germain-Lembron, décédé en 1892, laissant un fils :
> >
> > > **Charles-Antoine Vernière**, né en 1864, marié en 1892 avec Louise Saturnin, dont : **Elisabeth** et **Léon**.

D. **Marie-Françoise Vernière**, née le 21 novembre 1771, mariée le 17 décembre 1792 à Claude Salveton, notaire à Brioude, qui devint juge d'instruction, puis maire de Brioude et président du Conseil général de la Haute-Loire ; il mourut en 1839. Deux enfants, nés de ce mariage, ont laissé des descendants.

> 1º **Anne-Eugénie Salveton**, née en 1797, mariée à Jean-Baptiste Marret, notaire à Brioude, elle mourut en 1888 laissant une fille :
>
> > **Amélie Marret**, née en 1822, mariée à

Hippolyte Chanson, notaire à Brioude, dont deux enfants :

> *a*. **Maurice Chanson**, avocat, marié à Georgine Rochette, de Brioude, d'où une fille : **Marie**.
>
> *b*. **Marie Chanson**, mariée à Albert Huguet, capitaine de vaisseau, commandant le *Dupuy de Lôme*, d'où une fille : **Madeleine**.

2° **Antoine** dit **Frédéric Salveton**, né le 20 avril 1801, marié en 1826 à Marie-Euphrasie Amariton de Beauregard, procureur général, député de la Haute-Loire, officier de la Légion d'honneur en 1846, termina sa carrière comme avocat à Riom et mourut à Nonette le 14 novembre 1870 ; il eut deux enfants :

> *a*. **Claude-Valentin-Ernest Salveton**, né à Riom le 27 août 1827, marié avec Clarisse-Marie Ducret, devint conseiller à la Cour de Lyon, et mourut à Nonette le 6 septembre 1886, laissant un fils :
>
>> **Frédéric-Joseph-Henri Salveton**, né à Gannat le 21 novembre 1862, marié avec Louise-Emilie-Alphonsine Duringe, dont deux enfants : **Pierre** et **Marie**.
>
> *b*. **Joseph-Alexis-Georges Salveton**, né en avril 1831, marié avec Colombe-Victorine-Adèle-Léonie dite Adeline Laroche, fut avocat au Conseil d'Etat et à la Cour de Cassation et mourut au château de Vauzelle (Nièvre) le 31 août 1871 laissant un fils :
>
>> **Antoine - Frédéric - Victor -**

Alphonse-Roger Salveton, né
à Paris le 13 mai 1869.

3° **Gabrielle Broulière**, née le 20 septembre 1738, mariée le 27
novembre 1758 avec Noël Gasquet, de Combadines. Ses
deux enfants furent :

1° **François Gasquet**, marié à Marie Reynard, de Ste-
Florine, qui lui donna cinq enfants :

> a. **Noël Gasquet**, marié à Adèle Masset, de Veze-
> zoux. Leurs descendants sont compris dans
> la généalogie précédente.

> b. **Gilbert Gasquet**, marié à Elisabeth-Virginie
> Desribes, dont un fils :
>
>> Antoine Gasquet, né à Sainte-Florine,
>> marié à Anne-Anaïs Marret, dont six
>> enfants.

> c. **Marie Gasquet**, mariée à Germain Perron, qui
> en eut six enfants.

> d. **Madeleine Gasquet**, mariée à Eugène Jury,
> décédée sans postérité.

> e. **Marie Gasquet**, qui fut mariée à N... Augier,
> de Lamontgie, et mourut aussi sans enfants.

2° **Anne Gasquet**, mariée à Antoine Sabatier, de Jumeaux,
dont un fils :

> **Gilbert Sabatier**, marié à Marie Terrasse, qui lui
> donna une fille :
>
>> **Céline Sabatier**, mariée à Antoine Sabatier.
>> De cette union, un fils :
>>
>>> **Gustave Sabatier**, marié à Marie
>>> Bravard, dont l'ascendance est
>>> donnée dans la généalogie qui
>>> précède.

4° **Marie Broulière**, née le 8 mars 1740, mariée le 13 octobre 1761 avec Jean Vernière, de Brassaget. Elle est décédée le 13 janvier 1777, laissant quatre enfants, au nombre desquels :

    a. **François Vernière**, né 20 mai 1765, marié à Suzanne Andraud, de Sauxillanges. Parmi leurs enfants, nous citerons :

    aa. **Pierre Vernière**, né le 22 floréal an 11, marié à N... Borel, de Brioude, où il se fixa comme avoué, et y mourut laissant deux enfants :

        1° **Gustave Vernière**, conseiller à la Cour de Riom, marié à N...

        2° **Delphine Vernière**, mariée à Constantin Faurot, notaire à Brioude, dont un fils :

            André Faurot, propriétaire au château de Lachomette.

    bb. **Marie-Madeleine Vernière**, née le 10 messidor an VIII, mariée à N... Rodier, d'Orcet, qui laissa un fils :

        Gustave Rodier, marié à N... Mallet, dont une fille :

            Berthe Rodier, mariée à Gilbert Sicard, avocat à Clermont.

    b. **Gabrielle Vernière**, née le 22 février 1767, mariée le 30 juin 1790 avec François Malbet, d'où postérité.

5° **Anne Broulière**, née le 20 septembre 1745, mariée à François Bardy, de Vezezoux, dont les descendants forment la famille dont nous nous sommes occupés précédemment.

PIÈCES JUSTIFICATIVES

I

Extraits des comptes de Jean de Trye, bailly d'Auvergne. 1293 et 1294

COMPOTUS JOHANNIS DE TRYA, BALLIVI ALVERNIE, DE TERMINO OMNIUM SANCTORUM ANNO DOMINI Mº CCº NONAGESIMO TERTIO.

. . . .

. . . .

ROTULUS SUPER ACREMENTIS ALVERNIE TRADITUS PER JOHANNEM DE TRYA, BALLIVUM ALVERNIE, SUPER HOC INQUISITOREM DEPUTATUM CUM PETRO DICTO LE GRAS, IN QUO NOMINA ET PARTES SUMME COMPUTATE IN RECEPTA COMPOTORUM ALVERNIE DE TERMINO OMNIUM SANCTORUM NONAGESIMO TERTIO CONTINENTUR :

. . . .

IN PREPOSITURA CASTRINOVI

. . . .

. . . .

De Stephano *Bardis* sancti Gervasii, VII l. VI s.

. . . .

De Petro *Bardis* sancti Gervasii, IX l. VI c.

———

COMPOTUS JOHANNIS DE TRYA, BALLIVI ARVERNIE, DE TERMINO ASCENSIONIS DOMINI ANNO EJUSDEM Mº CCº NONAGESIMO QUARTO.

. . . .

. . . .

ROTULUS SUPER ACREMENTIS ARVERNIE TRADITUS PER JOHANNEM DE TRYA, BALLIVUM ARVERNIE, SUPER HOC INQUISITOR DEPUTATUS (*sic*) IN QUO NOMINA ET PARTES SUMME COMPUTATE IN RECEPTA COMPOTORUM ARVERNIE DE TERMINO ASCENSIONIS DOMINI ANNO EJUSDEM NONAGESIMO QUARTO CONTINENTUR :

. . . .

DE PREPOSITURA CASTRINOVI

. . . .

. . . .

Petrus *Bardi* de Sancto Gervasio, XLVIII s.

AUGUSTIN CHASSAING : *Spicilegium Brivatense,* pp. 210 et 222.

II

Extrait du terrier des cens dus à la maison de l'Hôpital de Saint-Jean de Jérusalem de Charbonnier. — 1340.

. . . .

LO CES DE SAYNTA FLORINA

Johs Bardis Deu char^t de frô de j champ pauʒat et terrador de rocha Bardi juxta lo champ marti chanal ab una part et lo châp hugs bergoynh ab altra part. Deu portar.

Fol. 54, verso.

III

Testament de défunt Michel Bardy, demeurant à Paris, vivant Premier Vallet de chambre ordinaire de la feue Reyne. — 4 novembre 1700.

Par devant les conseillers du Roy, notaires, gardes-nottes et du scel de Sa Majesté au Châtelet de Paris, soussignés, fut présent sieur MICHEL BARDY, vallet de chambre ordinaire de la Reyne, gisant au lit malade de corps, en une chambre au second étage ayant vue sur la cour d'une maison voisine, ladite chambre dépendant de la maison où il demeure à Paris, rue Saint-Honoré parroisse Saint-Roch, appartenant à Mad^e de Sainte-Mesmes, toutefois sain d'esprit, mémoire et entendement comme il est apparu aux notaires sousssignés par ses paroles et maintien ; lequel considérant la certitude de la mort ne désirant en être prévenu avant que d'avoir disposé de ses dernières volontés, a fait, dicté et nommé aux notaires soussignés son testament ainsi qu'il suit :

. Premièrement : comme chrestien catolique, apostolique et Romain, a recommandé son âme à Dieu, le priant par les mérites infinis de la mort et passion de notre Seigneur Jésus-Christ et intercession de la Sainte Vierge et des Saints et Saintes du paradis luy pardonner ses péchés et offenses ;

Désire ledit s^r testateur être inhumé en l'église Saint-Roch, sa paroisse. Quant à son convoy, service et enterrement, ledit sieur s'en remet à ses exécuteurs testamentaires cy-après nommés ;

Veut qu'il soit dit et célébré à son intention et pour le repos de son âme, le jour de son décès, si faire ce peut, sinon le lendemain, en l'église de Saint-Roch, soixante messes basses de *Requiem,* et que pour ce il soit rétribué ce qu'il conviendra ;

Donne et lègue la somme de soixante livres aux Capucins de la rue Saint-Honoré pour les rétribuer d'autant de messes basses de *Requiem* qu'il conviendra pour ladite somme ; pareille soixante livres aux Capucins de la place des Conquêtes ; pareille somme aux Jacobins de ladite rue Saint-Honoré ; pareille somme aux Religieuses de l'Ave Maria, le tout pour les rétribuer d'autant de messes qu'il conviendra pour lesdites sommes :

Donne et lègue aux Petits Pères de la place des Victoires pareille somme de soixante livres pour même sujet ; veut aussy qu'il soit célébré en l'Eglise des Capucins de Brioude, en Auvergne, la quantité de mil messes basses de *Requiem* à son intention et pour le repos de son âme et qu'il soit rétribué pour ce, ce qui est accoustumé sur les lieux ;

Donne et lègue aux filles Religieuses de l'Ave Maria de cette ville la somme de deux mil livres une fois payée, à la charge de faire célébrer un annuel de messes basses de *Requiem* pour le repos de l'âme dudit sieur testateur, et que ledit sieur testateur aura part en leurs prières ;

Donne et lègue pareille somme de deux mil livres aux religieux Théatins de cette ville, à la charge pareillement de faire dire un annuel et d'avoir part en leurs prières ; pareille somme de deux mil livres aux Jacobins de la dite rue Saint-Honoré, aux mêmes charges ;

Item donne et lègue ledit sieur testateur la somme de trois mil livres pour ayder à faire la chapelle de la Vierge en ladite église

Saint-Roch, ladite somme de trois milles livres et celles cy-dessus une fois payée ;

Item donne et lègue aux pauvres honteux de la paroisse de Saint-Roch, qui reçoivent la charité sur la cassette de Monseigneur de Boisfranc, la somme de cinq mil livres une fois payée ;

Item donne et lègue aux autres pauvres de la charité de ladite paroisse, la somme de deux mil livres aussy une fois payée ;

Item donne et lègue à Monsieur Gaucher, son confesseur, la somme de deux cents livres aussy une fois payée ;

Item donne et lègue à la nommée Geneviève, sa servante, la somme de deux cents livres une fois payée, outre les gages qui luy seront dus à son décès ;

Item donne et lègue à l'Hostel-Dieu de cette ville de Paris la somme de sept mille livres une fois payée ; à l'hospital de la Salpêtrière, pareille somme de sept mille livres, et au collège des Enfants trouvés de cette ville, six mil livres, le tout une fois payée et à prendre et pour consommer un de ses deux contrats de mil livres de rente sur les aydes et gabelles ;

Item donne et lègue au sieur La Pirot, son tailleur, la somme de deux cens livres une fois payée ;

Déclare le dit testateur que Claude Bardy, son neveu, a reçu et touché de luy la somme de quatre mil livres qu'il luy a donné par avance sur sa succession ; donne et lègue à la damoiselle Bardy de Solignac, sa nièce, pareille somme de quatre mil livres ; à Antoine Bardy, son neveu, qui est actuellement en Auvergne, pareille somme de quatre mil livres, et la dame Bergouin, demeurant à Escoularoux, la somme de trois mil trois cent livres, attendu qu'elle a cidevant déjà touché sept cens livres du dit sieur testateur ; à Antoinette Terrasse, aussy sa nièce, pareille somme de quatre mil livres ; à Mathieu Terrasse, son neveu, pareille somme de quatre mil livres, et à Marguerite Terrasse aussy sa nièce, aussy semblable quatre mil livres, toutes lesdites sommes une fois payées ;

Et attendu que le dit sieur testateur a cy-devant donné à Sébastien et Mathieu Bardy, ses neveux, chacun la somme de trois mil livres ; ledit sieur testateur leur donne et lègue encore la somme de mil livres chacun pour les égaller aux autres, ses neveux et nièces cy-dessus nommés ;

Item donne et lègue le sieur testateur à Michel Bardy, son neveu et filleul, la somme de six mil livres une fois payée, pour lui faire continuer ses études qu'il a commencées en cette ville de Paris, à prendre ladite somme dans le contrat de six cens livres de rente dues audit sieur testateur par les chargeurs de bois ;

Item donne et lègue le dit sieur testateur à Jean Bardy, Jean Terrasse, Antoine Bardy, frère du dit Antoine Bardy, cy-dessus nommé, et Claude Bardy, qui est actuellement demeurant avec luy, la somme de sept mil cinq cens livres, chacun une fois payée, et prendront chacun cette somme sur la charge de moulleur de bois appartenant au dit sieur testateur, et outre les dits Jean Bardy, Jean Terrasse, Antoine Bardy, demeurant à Paris, et le dit Claude Bardy, partageront également entre eux tous les meubles meublans, linges, hardes et vaisselle d'argent qui se trouveront appartenir au dit sieur testateur au jour de son décès, dont il leur fait aussy don legs chacun par égalle portion ;

Désire le dit testateur qu'il soit fondé à perpétuité, au village de Ste-Florine, en Auvergne, lieu de sa naissance, une Ecole pour l'instruction de la jeunesse en la religion Catolique et apprendre à lire aux pauvres enfans dudit lieu, et que pour ce il soit fait un fond de la somme de trois mil livres produisant cent cinquante livres de Rente par an, pour estre payés annuellement à celluy qui sera choisy par les parans du dit testateur qui résideront actuellement sur les lieux pour faire la dite écolle et dont la nomination leur appartiendra à toujours à l'exclusion de tous autres, avec faculté de les destituer et en commettre d'autres en leur lieu, selon qu'ils le jugeront à propos, sans néantmoins interruption à l'exécution de la dite fondation, dont il en sera passé contrat ;

Item donne et lègue le dit sieur testateur à tous ses petits-neveux qui ne sont pas nommés au présent testament, la somme de vingt-six mil livres produisant mil livres de rente par an due au sieur testateur par la communauté des Moulleurs de bois, à partager entre tous ses petits-neveux non nommés également entre eux, et après le présent testament entièrement exécuté et accompli, le dit sieur testateur donne et lègue le surplus de tous ses biens, ce quoy qu'ils se trouvent consister et monter, auxdits Jean Bardy, Jean Terrasse, Antoine Bardy, demeurant à Paris, et audit Claude Bardy, demeurant avec ledit sieur testateur, pour estre le surplus partagé entre eux également et par quart, et ce par augmentation aux legs qu'il leur a cy-devant faits et sans diminution d'iceux, les faisant et instituant ses légataires universels, chacun par quart, pour le dit surplus.

Et pour exécuter le présent testament, le dit sieur testateur a nommé et choisy Messrs les directeurs et administrateurs dudit Hostel-Dieu de Paris, les suppliant très-humblement de vouloir exécuter ponctuellement son dit testament, espérant qu'ils voudront bien se donner cette peine en considération du legs cy-dessus ; révoquant le dit testateur tous autres testaments et codiciles qu'il peut avoir faits avant son présent testament, auquel seul il s'arrête comme étant son intention de dernière volonté.

Ce fut ainsy fait, dicté et nommé par le sieur testateur aux dits notaires soussignés, et à luy, à l'instant, par l'un d'eux, l'autre présent, lu et relu son dit présent testament qu'il a dit bien savoir et entendre et y a persévéré en la dite chambre, où il est alité.

L'an mil sept cent, le quatre novembre, sur le midi, et a signé.

BARDY, HUET et *MOET,* ces deux derniers notaires.

IV

CONVENTION NATIONALE

Commission établie par decret du 9 juillet, pour recueillir et réunir les procès-verbaux d'acceptation de la Constitution.

Du 5 août 1793, l'an deuxième de la République Française,

Le citoyen BARDY, envoyé par l'Assemblée primaire tenue à Auzon, canton d'Auzon, district de Brioude, département de la Haute-Loire, pour se réunir à Paris le 10 août, à la Fête Nationale de l'unité et de l'indivisibilité de la République, a remis cejour-d'hui, sur le bureau de la commission, le procès-verbal de ladite Assemblée primaire, portant acceptation de la Déclaration des Droits de l'Homme et de l'Acte constitutionnel.

N° 135. Cachet en cire rouge.

V

Procès-verbal de la Convention Nationale imprimé par son ordre.
(5 floréal an III).

« Sur le rapport du Comité des décrets, procès-verbaux et archives, conformément à la loi du 7 ventôse relative au complément du nombre des membres de la Convention Nationale, l'urne déposée sur le bureau du Président, renfermant les noms des suppléans à la Convention, afin d'en tirer douze pour ce complément ; le tirage ayant été fait par le Président conformément à la loi, les citoyens Almeras Latour, du département de l'Isère ; Bardy, de la Haute-Loire ; Pacros fils, du Puy-de-Dôme ; Degraves, de la Charente-Inférieure ; François-Marie Deranty, du Nord ; Besout, de Seine-et-Marne ; Guithard, du Haut-Rhin ; Jean-Nicolas Detricher, de la Maïenne ; Marie Chaignard, du Morbihan ; Pierre Tondic, des Côtes-du-Nord ; Peres, du Gers ; Sirugue, de la Côte-d'Or, sont sortis par la voie du sort. En conséquence, les citoyens ci-dessus dénommés sont proclamés membres de la Convention Nationale et sont autorisés à se présenter au dit nom ; le comité des décrets, procès-verbaux et archives est chargé de les appeler en vertu du présent décret. »

❦

ERRATA

Page 3 : Note, 12ᵉ ligne, Cebille, lire *Cibille*.
Page 10 : Note 1, huit quartiers de noblesse, lire : *seize quartiers*.
Page 35, ligne 5 : Dans la basse-cour de sa maison, lire : *la basse cour*.
Page 28, note 2 : Monteiller, lire : *Manteiller*.
Page 50 : 3º Théodore-Jules Bonnieux, né le 15 juillet 1859, décédé le 26 juillet 1892, lire : *8 juillet 1859 et décédé le 26 février*.
Page 50, 1 : Alfred Astel mourut sans enfants le 2 juillet 1892, lire : *le 28 juillet*.
Page 55, 1 : Philomène Gasquet, mariée le 4 juille, lire : *juillet*.

Achevé d'imprimer à cent vingt exemplaires le 1er août 1895.

www.ingramcontent.com/pod-product-compliance
Lightning Source LLC
Chambersburg PA
CBHW070853280326
41934CB00008B/1420